哲學解剖圖鑑

小須田 健
Ken Kosuda

U0073165

楓書坊

前言

文藝復興時期的哲學家法蘭西斯・培根（Francis Bacon）曾說：「知識就是力量。」在新發明和新發現相繼問世的當時，這句宣言聲稱無用的學問不過只是流於紙上談兵的通俗知識，同時也強調真正的學問必須要能改變我們的生活、帶來更強大的力量。時至今日，這句名言依然以「實用科學導向」的形式持續傳頌，可見培根的遠見有多麼令人敬服。如果以這句話作為評價標準，哲學這一門學問，既不具備眼見為憑的實效性，也缺乏足以量化的生產性；哲學作為一門「虛學」，似乎可以隨時宣判它已死亡。

然而與此同時，我們卻也聽聞一種說法——據說在不景氣的時代，哲學反而會流行起來。屆時，社會大眾可能會加倍關心那些無法像金錢般量化的事物。人生在世免不了憂慮，然而煩惱與不安卻也會因個體而異，內涵千差萬別，沒有一個人人通用的解答。人們之所以追求哲學，似乎正是因為哲學的目的不在於找到「唯一的」正確答案，而是一心一意不斷地拓展思考邊界。

不過，哪一個時代、哪一位哲學家的著作適合哪一個人，這也是無法預測的事。大多數的情況下，我們就連該思考什麼、如何思考都摸不著頭緒，因此才會深感不安、萬分懊惱。還有一句話是這麼說——問對問題，就等於找到一半的答案。話說回來，閱讀哲學書這個行為本身，對大部分的人而言門檻或許很高，所以坊間為數眾多的哲學入門書也是其來有自。

一般的哲學入門書，大半都是以編年體寫成，也就是從古代開始依時代順序排列，一路簡易介紹直到現代的多位哲學家與思想家的理論學說。當然，這種體裁可以呈現人類思考的推展歷程，也有其他多種優點。不過，本書特意屏棄這種體裁，聚焦於潛藏在周遭事物內在的各種問題，嘗試概略地介紹從古至今的哲學推展出了什麼樣的思想。當然，礙於篇幅有限，書中只能稍稍涉獵哲學廣闊領域當中的一小部分主題，但若是本書能令你提起興趣，實際翻閱幾位哲學家的著作，就是筆者我至高無上的喜悅了。

5分鐘
讀哲學史
1

理解世界架構而孕育的古代哲學

〔前6～後6世紀前後的哲學〕

赫拉克利特等自然哲學家

約西元前6世紀
別再訴諸神力，
來理解世界吧！

蘇格拉底

西元前5世紀
比起自然，更重要的是
自己的精神世界！

亞里斯多德

西元前4世紀
精神雖然重要，但了解
自然終究還是更重要！

哲學這個概念，大約興起於西元前六世紀的古希臘。所謂的哲學，便是意指一種理解這個世界（自然界）的架構的思考行為。

蘇格拉底（Socrates）認為，比起了解自然的世界，應當先思量自己能夠知道什麼，也就是提倡要將思考的根本方向從「本體論」轉移到「認識論」。蘇格拉底的學生柏拉圖（Plato），則是將視野放大至超越世俗層次的真實存在[※1]，開創了形上學[※2]領域。

而最後整合這些古代哲學思想的人，就是亞里斯多德（Aristotle）。

之後，當新興的基督教信仰逐漸深入羅馬帝國社會與各階層後，甚至還出現了以獨特觀點重新詮釋柏拉圖哲學的**新柏拉圖主義**[※3]。

※1　與各個具體事物有所區別的事物本身，也稱為「理型」。
※2　「形上」是「超越有形之物（自然）」的意思。形上學便是探索超自然層次的學問。

5分鐘讀哲學史 2

試圖融合哲學與神學的中世哲學

（6～14世紀前後的哲學）

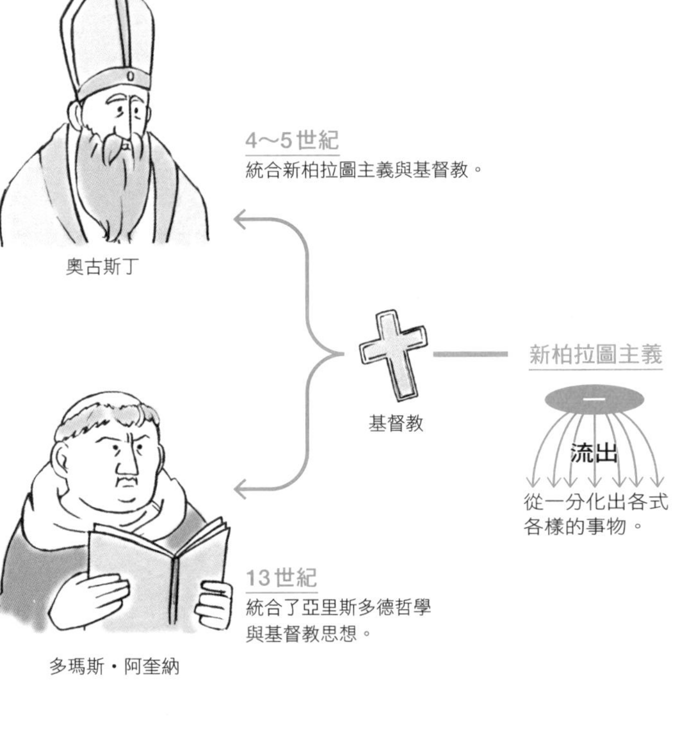
4～5世紀
統合新柏拉圖主義與基督教。
奧古斯丁
基督教
新柏拉圖主義
一
流出
從一分化出各式各樣的事物。
13世紀
統合了亞里斯多德哲學與基督教思想。
多瑪斯・阿奎納

在羅馬帝國傳播開來的基督教信仰，隨後與希臘哲學結合，孕育出各種哲學思想。兩者的融合不僅可以使基督教宣揚死人復活的非合理教義予以正當化，也有助於建構起宗教背後的哲學性思考的一面。

而這其中的翹楚，就屬將新柏拉圖主義融入基督教的主教※4奧古斯丁（St. Aurelius Augustinus）。進入中世紀後，多瑪斯・阿奎納（St. Thomas Aquinas）則是試圖融合經由穆斯林世界傳來的亞里斯多德哲學與基督教神學。

自文藝復興以降，哲學開始產生分化，形上世界的深究交給了神學，地上世界的研究則是劃入自然科學的思考範疇。而將這些學問視為全體來統一理解，便成了哲學的使命。

※3　在基督教世界觀裡，將柏拉圖思想融入基督教義而創立的哲學。主張萬物的根元是一，由一流出誕生萬物。
※4　神學家，以拉丁語和希臘語撰著基督教研究典籍。

顛覆既有常識的近代哲學

〔16～19世紀左右的哲學〕

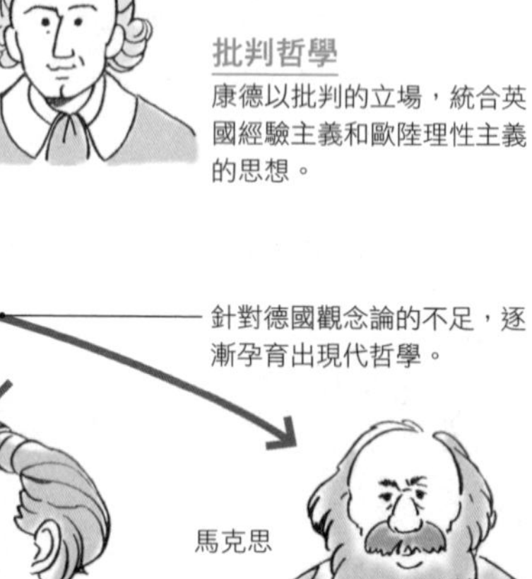
洛克
笛卡爾
經驗主義
主張人類所有知識都是出生以後隨著經驗累積而成。
歐陸理性主義
以人類與生俱來的理性作為前提，思考該如何理解世界的哲學思想。
康德
批判哲學
康德以批判的立場，統合英國經驗主義和歐陸理性主義的思想。
黑格爾
德國觀念論
以批判的角度承襲康德的思想並更進一步超越，最終集大成的哲學流派。
針對德國觀念論的不足，逐漸孕育出現代哲學。
尼采
馬克思

從笛卡爾（René Descartes）開始，便屬於近代哲學的起點。此時哲學主流是思考人類與生俱來的理性，又稱作**「歐陸理性主義」**；不過在英國，卻是興起了主張人類的一切經驗都是來自後天的**「經驗主義」**。

康德（Immanuel Kant）統合兩者，提出了徹底顛覆過往哲學的思想※，主張人類的感官功能會建立出認知和理性的基礎。黑格爾（G. W. F. Hegel）在康德哲學中融入時間性，為**德國觀念論**集大成。但是黑格爾學說中的疑點，又促成現代哲學的萌芽。

而點燃這條導火線的，就是質疑黑格爾時間理論的馬克思（Karl Marx），以及懷疑人類理性的尼采（Friedrich Wilhelm Nietzsche）。

※　康德稱之為哥白尼式革命。

5分鐘讀哲學史 4

回應社會現況的現代哲學

（20世紀左右～當代的哲學）

詹姆士
實用主義
嘗試以人類追求的實踐性意義觀點，理解現象的存在意義。

羅素
符號邏輯學
為了修補亞里斯多德以降的邏輯學瑕疵而創立的邏輯學。

祈克果
存在哲學
將回過神才發現本來就有的自己寄託於「存在」的思想。

索緒爾
符號學／語言學
研究現在語言結構如何限制人類的言行。

維根斯坦
分析哲學
認為人類所有行為都是以語言為媒介的思想。

沙特
存在主義
從無神論的觀點，承襲存在哲學的思想立場。

李維史陀
結構主義
主張人類是社會性的存在，探索社會結構如何塑造人類的思想統稱。

羅蘭・巴特
後結構主義
批判結構主義，企圖超越古希臘以來所有哲學理論的多種思想的統稱。

摩爾／賴爾／奧斯丁／奎因 etc.

美國出現在哲學的世界地圖上，其實也是直到近幾年才開始出現的發展趨勢，其中尤以實用性為宗旨的**實用主義**為代表，更是美國哲學的濫觴。歐洲大陸的符號學語言學，更透過英國的**符號邏輯學**傳進美國，並且進一步孕育出**分析哲學**這套系統。

到了十九世紀時，由丹麥哲學家祈克果（Søren Aabye Kierkegaard）所創立的**存在哲學**，主張重視人類意志的存在，因而在第一次世界大戰後的德國，以及接續的第二次世界大戰後的法國境內，開始盛行起存在主義思潮。

隨後陸續發展出認為意志會受到社會結構限制的**結構主義**，以及指出人類存在根本疑義的**後結構主義**，深入分析了混沌的現代社會問題。

目錄

2章 思考詞語

3章 思考人生

4章 思考正義

5章 思考社會與世界

column

Staff
插畫　伊藤美穗
設計　細山田設計事務所〔米倉英弘〕

本書的閱讀方法

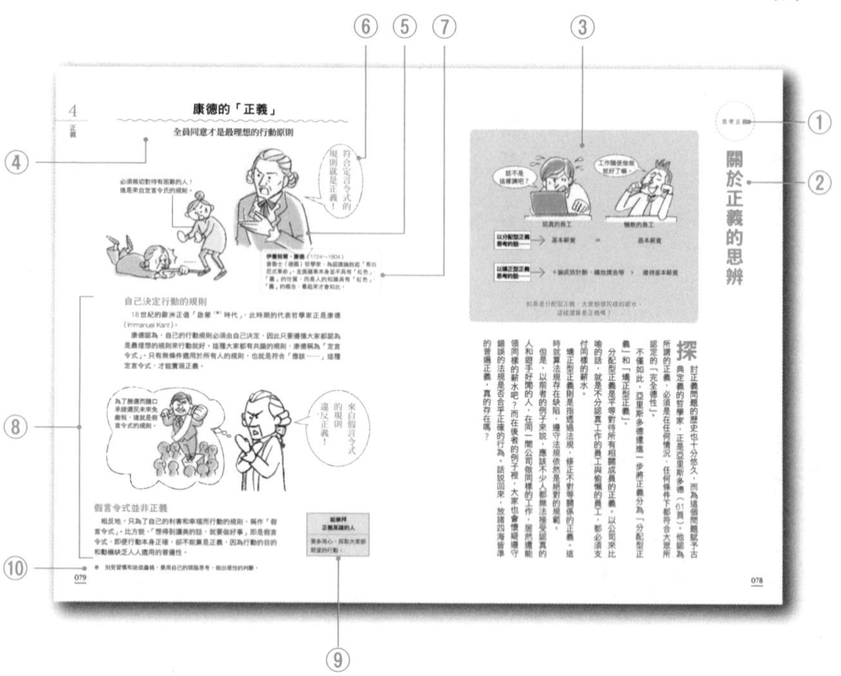

①
②
③
④
⑤
⑥
⑦
⑧
⑨
⑩
康德的「正義」
全員同意才是最理想的行動原則
關於正義的思辨

①主題　依章節分類各種問題

②大標題　符合該主題的具體問題

③情境插圖　透過插畫或圖解，介紹問題的情境

④小標題　整理出哲學家對這道問題的思考

⑤哲學家插圖　以肖像畫介紹哲學家

⑥對白　介紹哲學家說過的話，或是用一句話歸納其思想

⑦簡介　介紹哲學家的簡歷

⑧解說　透過插畫、圖解或文章，解說哲學家對問題的思考

⑨重點建議　介紹有助於解決煩惱的哲學家想法

⑩註腳　補充說明專業術語

1章 切身疑惑的思索

時間、學校、身體……我們平常鮮少分神留意這些理所當然的切身存在，首先第一章就來深入探索這些存在於生活周遭的奧妙。

我們如何認知時間？

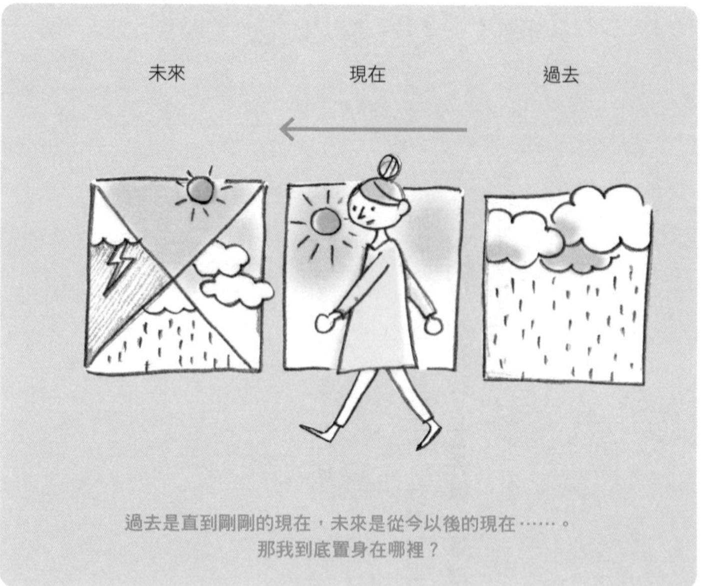
未來
現在
過去

過去是直到剛剛的現在，未來是從今以後的現在……。
那我到底置身在哪裡？

哲學的功能之一，就是幫助人們挖掘出潛藏於日常生活當中的奧妙與不可思議。

日常生活中，即使我們什麼也不做，有些事物依然會逐漸消逝。這是什麼呢？答案就是「時間」。一旦錯過它，就再也無法重來了。

此時此刻，當你正在閱讀這篇文章的時候，時間也跟著慢慢地流逝而去。那麼，剛才還算是「現在」的時間，現在它又跑到哪裡去了呢？其實「現在」已然不存在於任何地方。這麼說好了，剛剛還在的「現在」，又是在什麼時候成為了「過去」的呢？

這就是「時間流動」的現象。

「空間」會在當下如實地展現在我們的眼前。但是，無法確定身在何方的「時間」，也可以運用空間的概念當成物體一樣，說它「有」或者「沒有」嗎？

從古至今，有許多哲學家都思考過這個問題。這裡就來看看其中幾位的說法。

奧古斯丁的「時間」

過去與未來，因時間與人的關係而成立

時間來自唯一存在的現在的記憶和預測。

最早挑戰時間謎題之人

最早嘗試解開時間之謎的哲學家之一，就是基督主教（5頁）奧古斯丁。他在回顧自己前半生的著作《懺悔錄》中這麼寫道：「當沒有人問我的時候，我知道時間是什麼；但當有人問我、而我需要解釋時，我就感到困惑。」

奧勒留・奧古斯丁（354～430）
活躍於基督教成為羅馬帝國國教時的神學家。著有《懺悔錄》、《上帝之城》等書。

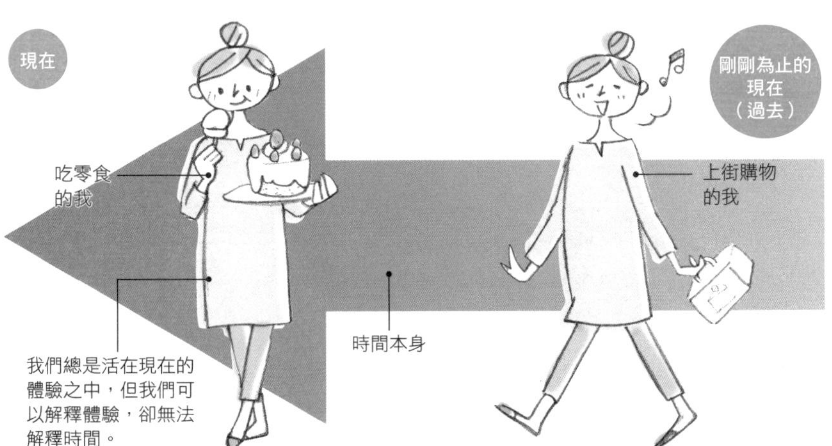
現在
剛剛為止的現在（過去）
吃零食的我
上街購物的我
時間本身
我們總是活在現在的體驗之中，但我們可以解釋體驗，卻無法解釋時間。

時間有兩種

奧古斯丁區分兩種時間，分別是時間本身，以及與我們有關的時間。不斷消逝的時間本身只有現在。我記得自己現在正在吃的蛋糕是剛才買來的，因為有記得這件事的我，過去和未來才得以成立。

給後悔過去的人

存在的只有現在，後悔也無濟於事。

胡塞爾的「時間」

時間意識，是由記憶和預測塑造而成

「剛才的旋律真美啊……」
（持存）
「接著就是這段樂句要來了……」
（前攝）
現在會在消逝的同時殘留下來。

埃德蒙德・胡塞爾
（1859～1938）
一開始研究數學的基礎理論，後來將焦點轉向奠定整體學問的基礎，並提出「現象學」。他論述「時間理論」的著作是《內時間意識現象學》。

記憶和預測會塑造出「時間」

奧地利哲學家胡塞爾（Edmund Gustav Albrecht Husserl）從自己提出的「現象學」※立場來論述時間。比方説聽音樂的時候，並不是只要聽「現在」響起的聲音就好了，如果不是「剛剛」響起的聲音殘留（持存）、預測「接著」響起的聲音（前攝），這段聲音的連續就不會作為一段旋律而感人肺腑。時間就是以這種方式消逝並殘留下來。

模擬「停止卻又流動的現在」。

停止卻又流動的現在

胡塞爾認為，在時間和意識到時間的主觀之間的關係裡，所有時間都可能是「停止卻又流動的現在」。晚年的胡塞爾，更進一步嘗試分析這個「現在」與主觀融合的關係是如何成立。

給無法忘卻失敗的人

時間會停止，同時又會流動。正因為有過去的經驗，才能走向未來。

※　現象學是一種分析直接顯現於意識中的現象的哲學手法。

柏格森的「時間」

時間的本質就是綿延

時間正在空間化！
分格觀看100公尺跑步的影像，會看到將持續的運動分割成不間斷的靜止畫面、再連接起來的「平面集聚」，也就是切割成片段的時間。

亨利・柏格森
（1859〜1941）
法國哲學家。提出生命的進化根源在於「生命衝力」（Élan vital）的假說。他論述「時間理論」的著作是《時間與自由意志》（英譯本題名）。

空間化的時間，不再是時間

和胡塞爾活躍於同一時期的法國哲學家，就是柏格森（Henri-Louis Bergson）。他認為，我們所熟悉的時鐘面板，只不過是「空間化的時間」。如果不將時間空間化、以肉眼可見的形式呈現，我們根本就無法想像時間的流動。

速度
加快了！
快……
快喘不過氣了……
……好難受！
不間斷持續的意識綿延，
才是時間的本質。

綿延才是時間的本質

愉快時間轉眼就過去了，沉悶的課堂卻遲遲不結束，可見時間本來就具備無法用空間表象呈現的多樣性。柏格森將無法以空間呈現的原始時間稱作「綿延」。這就是時間空間化以前，也就是「量的一元化」以前，時間所擁有「質」的多樣性。

給老是看時鐘的人

真正的時間是無法透過時鐘得知的，時間只是一種綿延。

切身疑惑的思索

我們一定要上學嗎？

國中（3年）
幼稚園（3年）
大學（4年以上）
高中（3年）
小學（6年）
ズシン
*重壓

進入社會之前，要上大約20年的學校……，
真是嚇死人了。

這世上有一種存在，它就近在身邊，我們都深受照顧，但始終卻難以理解為什麼需要它。

這個存在的其中之一，就是學校。

追根究柢，我們為什麼非得上學不可呢？特別對於現在正處於學齡階段，深受課業所苦的莘莘學子來說，這應該是他們發自內心的疑問吧？

只要觀察一下周遭的大人，就會發現我們在學校裡學到的數學公式和定律，在出社會後似乎派不上什麼用場。既然如此，為什麼我們還是要上學呢？其實，這個問題並沒有普遍共通的解答。畢竟，有多少上課的學生，就會伴隨多少種個人情況，進而影響到最終的答案。

不過，若我們從哲學的觀點來探究這個問題，就會改變問題的水準。例如，把問題的核心從學生轉移到他們所就讀的學校，便能夠歸納出新的問題。

好比說，學校到底是什麼？教育又是什麼？學校究竟是為了什麼而存在？諸如此類的問題。

盧梭的「學校」

學校的存在核心不在於學習

最好能夠順
其自然。
其實根本不
需要學校。
大自然就是
我們的學校！

尚－雅克・盧梭（1712～1778）
出生於瑞士的鐘錶世家，未曾接受學校教育。在革命前夕的巴黎從事寫作，其教育著作《愛彌兒》就連康德都大為讚賞。代表著作為《懺悔錄》、《社會契約論》。

回歸自然！

18世紀的法國思想家盧梭（Jean-Jacques Rousseau），留下許多跨越多個領域的作品。其中著名的教育理論書籍就是《愛彌兒》（1762），書中透過主角愛彌兒的成長歷程批判當時的教育偏差，並倡導尊重學生個性的自由教育，對近代的教育行政影響甚鉅。

學校老師
盧梭認為，教師只要注意
避免孩童受到社會的不良
影響就好。
ボイ－ン！
＊踢飛
盧梭

學校，你怎能壓抑孩子的個性

盧梭認為，我們原本都具備豐富的感性，所以學校根本是必要之惡，它的作用只有破壞孩子天生具有的細膩情感。也就是說，學校教育的重點不在於學習知識，而是根據腦部發展的年齡，營造出提供知識的環境。

給被老師討厭
而感到難過的學生

你根本不需要老師，自然才是你的學校、你的老師。

杜威的「學校」

以入社會的先修教育為優先

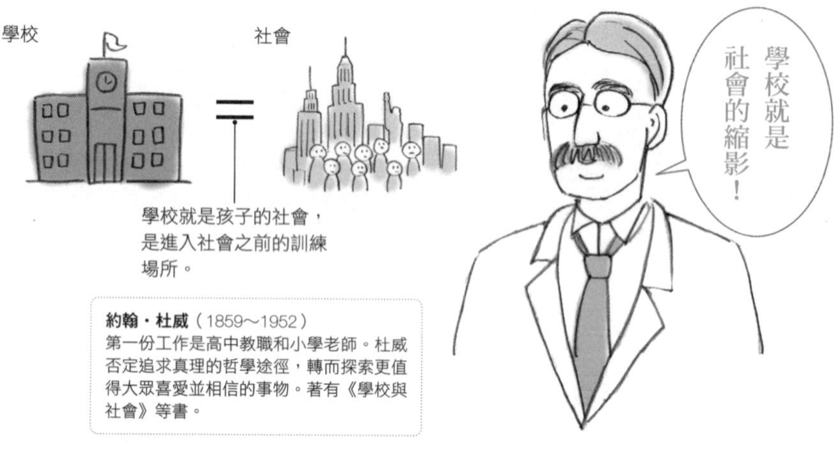
學校
社會
學校就是孩子的社會，是進入社會之前的訓練場所。
學校就是社會的縮影！

約翰・杜威（1859～1952）
第一份工作是高中教職和小學老師。杜威否定追求真理的哲學途徑，轉而探索更值得大眾喜愛並相信的事物。著有《學校與社會》等書。

學校是「社會的萌芽」

杜威（John Dewey）創立了世界第一所實驗學校（芝加哥大學附屬實驗學校，1896～1903年）。他認為，教育學是一門實驗科學，而學校就是驗證這門科學理論的地點。「實驗」的結果，讓杜威認定學校是「社會的萌芽」。學校對兒童來說，正是訓練如何出社會的場所。

學校需要提供的其實是社會先修教育

假使學校是進入社會之前的訓練場所，豈能進行統一的填鴨式教育？兒童需要透過參與共同的活動，學習文化傳承的能力，同時培養改變社會的能力。這就是杜威的教育理論，主張要以社會先修的教育為優先。

在商業學校學習簿記
在工業學校學習車床

給老是不去學校上課的學生

學校是社會的萌芽，就把上課當作是為了學習在社會上生存的訓練吧。

傅柯的「學校」

培養國家所需人才的規訓場所

學校
在制度上
與監獄無異！

米歇爾・傅柯
（1926～1984）
法國哲學家，傅柯認為是權力的相互關係限制了社會。他著有《詞與物》、《古典時期瘋狂史》、《規訓與懲罰：監獄的誕生》、《性經驗史》等書。

國家義務教育體制下的學校

國家的存續需要一定數量的國民，這是理所當然的事。而傅柯（Michel Foucault）精準地洞察到，其實學校正是為了達成這個目的的裝置，也就是負責維持國民身體健康、管理人口數量的制度。學校的真面目，就是不斷實施定期考試、讓學生牢記知識，施展種種「規訓」的實踐場所。

大學
高中
中學
小學
幼稚園
由國家權力維持學校營運
規訓第一的教育

國家需要延續，學校就會延續

所謂的學校，就是在命名為教室的封閉空間裡面，依時段遵循統一的作息，接受老師教導的各種學科知識的訓練場所。但是，這個空間不只注重個別的學習內容，還要學習國家理想國民的順從求學姿態。以傅柯的說法總結——只要這個世界還有國家，學校就不會消失。

給覺得在國中或高中格格不入的學生

學校終歸是國家權力的產物，只要客觀看待它就好。

切身疑惑的思索

「性別」與「性」

我小時候一直都只有洋娃娃，但我其實是想玩模型玩具……。

如今討論有關男女差異的問題，往往會從生物學意義上的男性♂（性染色體為XY）和女性♀（性染色體為XX）的「生物性別」，或是從社會文化意義上的男女「社會性別」，分別就兩種脈絡論述。為什麼需要這樣區分呢？重點在於人類在生物學上的兩性差異，與主觀的性別情感之間，具有根本上的歧異。

與動物本能的性行為穩定性和恆常性相比，我們不得不承認人類的性行為確實驚人地多樣化。不僅如此，性行為也不存在可視為標準的形式，所以即使聲稱性行為的類型會無止盡地持續衍生下去也不為過。好比說，同性戀在古希臘時代是非常自然的戀愛形式，在戰國時代的日本亦是如此。到了近代，為了廣泛徵召健康男性從軍，首要前提便是讓他們具備統一的性別認識，可是如今民族國家這個前提正在逐漸瓦解，大眾對於同性伴侶的社會性認知，以及「跨性別者」的認識與理解也慢慢加深了，多樣化的性別狀態如今已經成為常態了。

柏拉圖的「性」

柏拉圖式戀愛才是最好

柏拉圖在《會飲篇》中，透過老師蘇格拉底和悲劇作家阿伽頌，進行一場愛（Eros）的演說。

肉體是靈魂的牢籠。

柏拉圖
（前427～前347）
古希臘哲學家。以老師蘇格拉底為主角寫成的對話錄《理想國》等作品非常有名。著作中特別重視同性戀的精神戀愛（柏拉圖式戀愛）。

肉體的愛屬於低層次 精神的愛屬於高層次

古希拉哲學家柏拉圖以愛情為主題的篇章《會飲篇》當中，盛讚注重精神戀愛的柏拉圖式愛情。

人類具有三種性

在《會飲篇》裡，共有6個登場人物談論愛情，其中之一就是當時的喜劇作家阿里斯托芬※。柏拉圖借阿里斯托芬的口如是說：「在遠古時期，人類是顆有兩張臉、背對背的球體，有男男、女女、男女（陰陽人）三種性別。當時人類因為兩兩合體而享有雙倍的能力，自大驕傲、肆無忌憚，眾神懼怕不已，於是將人劈成兩半作為懲罰。所以人類不停尋找自己失散的另一個半身，這就是愛。」

這裡順便將焦點轉到東亞地區，中國在唐代時，民間就有月下老人的「紅線」傳說（註定結為連理的男女，是由紅繩牽起兩人的緣分），相關傳說也普及至整個東亞一帶。然而這個故事與阿里斯托芬的神話最大的不同，在於只著重於男女之愛，對於兩性的差異毫不存疑。

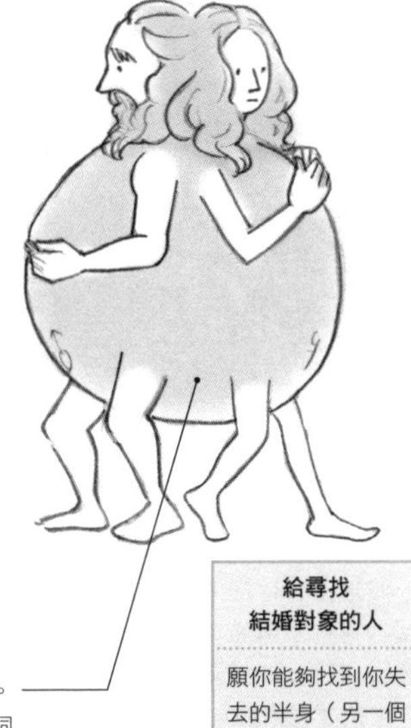

球體人類的想像圖。男女合為一體稱作陰陽人（Androgyny）。在希臘語中，andro是指男性，gyny則是指女性，因此這個詞的意思就是指雙性性格。

給尋找結婚對象的人

願你能夠找到你失去的半身（另一個自己）。

※　歷史上真實存在的人物，柏拉圖對他的評價很高。

波娃的「性」

女人是社會價值塑造而成的第二性

女性是從小被教
育要穿裙子、要
化妝，才逐漸成
為「女人」。
人並非
生而為女人，
而是成為女人。

女人並非生來即女人

波娃（Simone Beauvoir）在其代表作《第二性》中承襲存在主義，主張「人並非生而為女人，而是成為女人」。女人味和男人味，都只是因為社會才形成的標籤。

《第二性》明確指出這種生物性別和社會性別的差異，是女性主義的經典。

西蒙・波娃
（1908～1986）
法國哲學家。主張女性本應具有權利，為女性主義的先驅。可是當她以沙特伴侶的身分活動時，卻比個人行動時更引人注目。

存在先於
本質。
一回神才發現自己本
來就在（存在）。
行動會塑造出自己的意義
（本質）。
應有的自己

尚－保羅・沙特
（1905～1980）
法國哲學家。3歲時右眼失明。將活著行動的自己視為「存在」，提出以存在為主體的存在主義。代表著作為《存在與虛無》。

人若不行動，便毫無意義

波娃是「存在主義」的提倡者沙特的伴侶。存在主義主張人類的存在本身原本沒有固定的意義（本質），我們回過神，才發現自己不知道自己是什麼就存在著（存在）。當然，也沒有天生的男性和女性。所以沙特認為人必須窮極一生，透過自己的行動，塑造出自己願意接受的本質。

給過度追求
母愛的男人

母愛只是一種社會性標籤。如果你以為女人天生都有母愛，那就大錯特錯了。

朱迪斯・巴特勒的「性」

生物學上的兩性差異並非不證自明

要真正消除性別差異，就必須模糊男女的界線。

朱迪斯・巴特勒
（1956～）
美國哲學家。認為男女的「二元對立」所構成的性別體制是一種「壓抑」，主張「異性戀是人為造成的」。著有《性別風波》等書。

早期女性主義的目標

自波娃發端的女性主義，批判社會性別是社會建構而成的後天制度，並將生物學上的兩性差異視為不證自明的事實，因此得出了生物學上男女平等、男女在各方面都應當得到平等待遇的結論，這套論述即屬於古典女性主義的主張。而廢除反對女性就業的社會性別層次的歧視，則是初期女性主義的目標。

過去的女性主義含混不清

巴特勒（Judith Butler）對於傳統的女性主義，則提出根本上的質疑。如果以生物性別這種生物學的兩性差異為根據，異性戀就自然成為戀愛的主流，一旦偏離主流，同性戀這類性向就會被視為異端而遭排斥。

不過在現代，天生即有特定的性向，以及當事人的性別意識偏離，都是稀鬆平常的事。社會性別只不過是文化規範下的建構物，就全面的意義上模糊「男／女」的價值區別，正是巴特勒採取的策略。

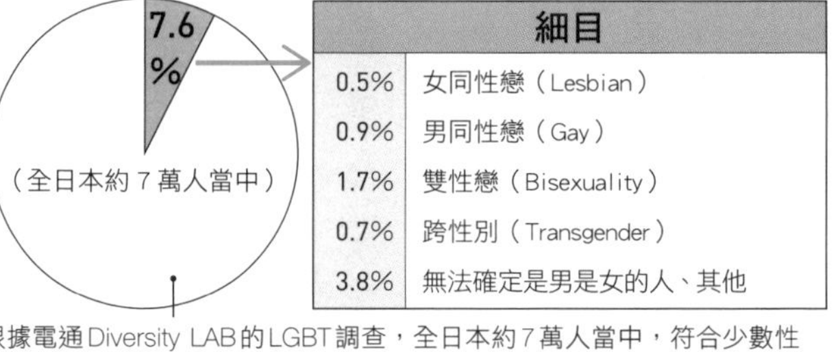
7.6%
（全日本約 7 萬人當中）

細目	
0.5%	女同性戀（Lesbian）
0.9%	男同性戀（Gay）
1.7%	雙性戀（Bisexuality）
0.7%	跨性別（Transgender）
3.8%	無法確定是男是女的人、其他

電通 Diversity LAB／全國 69,989 份問卷調查（2015 年 4 月）

根據電通 Diversity LAB 的 LGBT 調查，全日本約 7 萬人當中，符合少數性向（sexual minority）的人數上升到了 7.6%。

消滅性別歧視的宣傳標語

重點在於模糊男女的界線。

我們真的自由嗎？

任性妄為
繭居

哪一個才是「自由」？

說起來，一般所謂的「自由」究竟是指什麼狀態呢？完全不受到他人束縛就算是自由嗎？假使如此，絲毫不與他人牽扯半點關係的繭居人士，也算是自由之身了。但是，這種把自己的日常大小事全部丟給家人處理的生活方式，實在不值得誇耀。

那麼，所有事情都可以隨心所欲的狀態就是自由嗎？但這樣和單純的任性並沒有什麼分別。

無論如何，「自由」才是最理想的——這似乎是大眾普遍共有的價值觀。然而事實真是如此嗎？有個老掉牙的笑話曾說「只要大家一起闖紅燈就不必害怕」，隱身於群體之中可以活得比較輕鬆，這種觀點似乎也能反映出某一部分的事實。換言之，自由的另一面，就是必須承受一切都取決於自身的重擔。

由此可見，思考「自由是什麼」的問題意外地困難。歷史上的各個哲學家，也都是費盡心思、認真地思考「自由」的問題。

洛克的「自由」

自由成立於人們之間的契約

自然狀態的人類就是欲望的生物。
野性的自然狀態
將生命、健康、自由、財產的權利交付給國家吧。

約翰・洛克（1632～1704）
英國哲學家。認為人類原本是一塊白板（Tabula rasa），需要透過知覺的「經驗」才能得到認識。代表著作有《政府論》、《人類理解論》。

自由來自人與社會的契約

有一種思想叫作「社會契約論」。這個思想在宛如野生動物般的自然狀態與人類營造的文化生活之間劃出界線，視社會為一種否定原始自然的架構。人們互相約定（契約）維持社會秩序，生活在其中的我們才能獲得人性的自由。這股思想的提倡者就是英國哲學家湯瑪斯・霍布斯（Thomas Hobbes，1588～1679），再由洛克（John Locke）進一步推展出理論。之後，法國的盧梭倡導社會契約論，意欲藉此實現未來的理想社會。

國家
同意政府設立自衛組織。
與公民締結「契約」的國家，負責守護全體人民的自由。
公民（個人）

國家的成立是為了守護自由

洛克主張，以前並沒有國家權力，人類能夠自給自足，過著和平的團體生活。但隨著貨幣問世，情勢驟然大變。貨幣和食物不同，囤積再久也不會腐壞，於是人類得以儲蓄私有財產，結果導致貧富差距，不願勞動、只想要奪取他人財產的不肖分子也伴隨而生，所以需要有個保護人類的自衛組織。人們對於這種組織的設立集體表達贊同的意向，即是社會契約，這就是國家的起源。

給立志從政的人

千萬別忘記，國家的職責就是守護人民的自由。

沙特的「自由」

自由會提供多種實現自我的選項

人類被處以自由之刑。

尚－保羅・沙特（1905～80）
法國哲學家。參照26頁。

因為上帝不存在，人類要用行動創造未來

沙特的思想標榜著「無神論的存在主義」。如果有一個創世之神，那萬物都是被造物※，都早已被神預定好是什麼（本質）了。既然我們人類都是被造物，那當然也就沒有自由了。

然而，我們不必知道自己是什麼，就已經存在著（存在）。因此沙特才會倡導無神論。

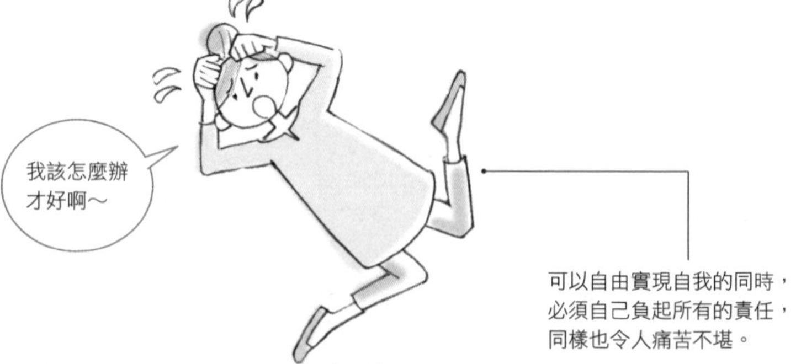
我該怎麼辦
才好啊～
可以自由實現自我的同時，
必須自己負起所有的責任，
同樣也令人痛苦不堪。

人類都在承受自由的刑罰

沙特認為，存在不需要受到我是什麼（本質）的侷限，所以我們才能逐步實現自我。但是反過來看，我們必須從無之中創造出應有的自己，而且創造的過程沒有範本可循。沙特將這個過程形容成「人類被處以自由之刑」。

給足不出戶的蘭居族

你正在承受自由的刑罰，還是趕快動起來吧。

※　被造物是指神創造的事物。

弗羅姆的「自由」

自由會伴隨著不安

人類只要愈自由，
就愈受孤獨折磨。
國王
教會
我自由了！
但自由也會
令人不安……

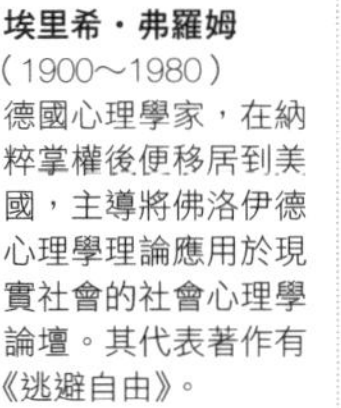
埃里希・弗羅姆
（1900～1980）
德國心理學家，在納粹掌權後便移居到美國，主導將佛洛伊德心理學理論應用於現實社會的社會心理學論壇。其代表著作有《逃避自由》。

近代社會獲得的自由

到了近代，資本主義在歐洲崛起，隨著公民社會日漸成熟，普羅大眾從封建領主和教會等傳統的權威中解放，形成自由的個體。但是，現代的人們也因此失去了過去支撐自己的束縛所帶來的安心感，因而深受孤獨和不安所折磨。

結果，有一群人無法承受這種不安，屈服於自己可以依靠的權威。與其承擔一切都由自己決定的責任，寧願交由別人判斷還更樂得輕鬆。這種想法也並非難以理解，但是「逃避自由」所招來的最壞結果，就是造成法西斯主義的茁壯。

勝利萬歲！
法西斯主義

為了逃避名為自由的重擔

弗羅姆（Erich Fromm）寫下《逃避自由》一書，分析了民眾傾心於納粹的心理結構。自由本來是大家普遍追求的理想，為什麼會逼得人渴望逃離呢？這正如沙特所言，人們從所有枷鎖中解放、一切都只能自己抉擇的自由，也是一種「自由的刑罰」。

希特勒崛起的心理根源，就在於這種對自由的不安。自由並非只有好處，偶爾也會顯露出殘酷的一面。

給過度享受自由的人

自由其實是個非常沉重的負擔喔。

切身疑惑的思索

我們擁有自己的身體嗎？

太在意自己的動作，
總覺得很難走啊……

人一般都是右手和左腳、左手和右腳交互擺動行走，不會同時擺動同一邊的手腳。但真的是我們自己在控制自己的身體嗎？

每個人都擁有身體，或許正是歸咎於此，我們才會下意識認定自己理應可以控制這具身體。像是伸出手、拿起茶杯、就口喝茶水、手腳交互擺動前往車站，諸如此類日常習以為常的動作或行為，我們都以為平常是仰賴自己的意志力在操縱身體。

但是，身體有時候仍會違抗我們的意志，像是再怎麼叮嚀自己不能睡，在課堂上依然頻頻打起盹來；又或是忍受不了飢餓，導致減肥的計畫一再失敗……。不僅如此，身體的活動，還會導致內在精神的變化。比方說專注於運動和訓練，有助於消除煩惱。

可能哲學原本就是思考「存在」和「認識」的問題才會開始的行為，所以哲學傾向於以智性和意志的活動，判斷人之所以為人。基督教也以否定的觀點看待肉體，認為肉體只是欲望的軀殼。

身體只是一種物體嗎？還是另一種無法單純以物體解釋的特別存在呢？

笛卡爾的「身體」

身體不同於意識，有可疑之處

「身體」屬於物體，與心靈有所區別。
知覺會讓人看見實際不存在的事物，並不可靠。

勒內・笛卡爾（1596～1650）法國哲學家。代表著作《談談方法》（舊譯《方法論》）裡的名句「我思，故我在」（Cogito, ergo sum），是運用理性探索真理的近代哲學宣言。

排除可疑的事物

笛卡爾認為，學問提供的是可靠的知識。那麼，什麼才算是可靠的？我們又該如何得到它？他認為，只要逐漸排除可疑的事物，最後留下的就是絕對無法質疑的可靠事物。無限刪去可疑的事物、抵達可靠知識的過程，就是「懷疑方法」。

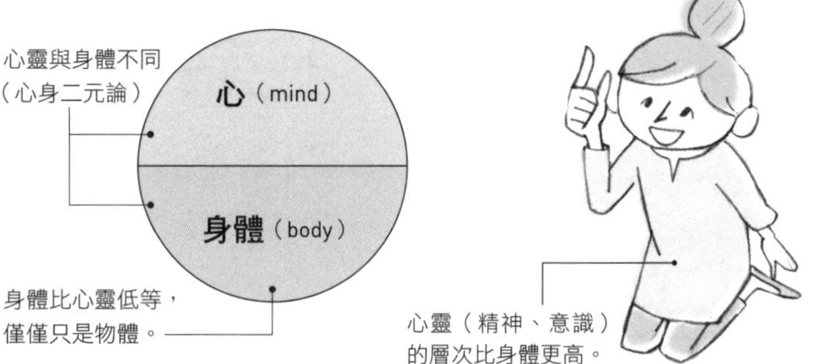
心靈與身體不同
（心身二元論）
心（mind）
身體（body）
身體比心靈低等，
僅僅只是物體。
心靈（精神、意識）
的層次比身體更高。

可靠的「心靈」比不可靠的「身體」更高層次

笛卡爾仔細體會了外界資訊傳遞的感覺。姑且先不提錯視和幻聽，光是感覺就經常欺騙我們，所以透過「身體」感官所得到的知識經驗並不可靠，有懷疑的餘地。但另一方面，作為思考能力的「意識」的存在，則是毋須質疑。

因此，笛卡爾在探討可靠的知識時，主張嚴格區分意識和身體的「心身二元論」。

萬一外遇曝光了……

身體與心靈是分開的！我的意識（心）裡只有你一人。

梅洛－龐蒂的「身體」

意識（心）與身體是若即若離的關係

身體
（body）
心
（mind）
有時心靈占上風，有時身體占上風。心靈與身體可以分開，卻又緊緊相連。
笛卡爾

有時是意識優位，有時是身體優位

在認識真理的層次上，主張「心身二元論」的笛卡爾（33頁）也認同平常我們是處於「心身合一」。不過話說回來，我們真的可以做到心身分開思考嗎？畢竟意識的所有活動都伴隨著身體；相反地，所有的身體動作也都伴隨著意識。只有明顯的反射動作另當別論。我們總是與身體一起活著。

意識和身體都很重要！
意識和身體無法分開思考。
心
身體

莫里斯・梅洛－龐蒂（1908～1961）
法國哲學家。其著作《知覺現象學》提到作為知覺主體的身體也包含了客體，賦予身體既有的價值，並主張意識與身體合一，人才能成功認識自我。

意識與身體具有含混性

梅洛・龐蒂（Maurice Merleau-Ponty）以意識與身體互補的常識作為根基，嘗試顛覆傳統以意識為中心的哲學史。不論是什麼樣的精神行為，都需要身體的支撐才可能實現。精神與身體並沒有哪一方比較優越，於是梅洛・龐蒂用「含混性」來表達這種關係。

對於外遇對象

心靈與身體息息相關，不可能分開！

傅柯的「身體」

權力會攻擊身體和精神

權力
親
子
權力
老師
學生
權力無所不在！

米歇爾・傅柯（1926～1984）
法國哲學家。參照23頁。

無所不在的權力

傅柯重點思考權力的問題。我們一聽到權力二字，腦海中通常都會浮現堅定且充滿威嚇性的存在。但是，傅柯認為現代的權力，早已滲透到日常各個角落，在不知不覺中控制著我們。傅柯還指出，權力施展無形控制的中樞，其實就在於身體。

從抱膝坐姿可以窺見權力關係，學生只能往單一方向仰望老師。
權力
老師
學生

身體是權力的隱祕之處

俗話說，身體的記憶永遠也忘不掉。好比說小學時期大家都被要求在地上抱膝而坐，這種不自然的姿勢讓人難以轉頭東張西望，只能看向正面。我們都被訓練成只能聽從學校的權力人士，也就是聽從老師說的話；而且人一旦習慣這個坐姿，即使長大成人，也不覺得這種坐法很彆扭。

我們就是透過這種模式化的身體感覺，讓權力深植內心，並且視為理所當然。

為人父母之後

父母對孩子而言即擁有權力。父母的存在會影響孩子的身心發育。要多加小心。

column

自然科學與哲學

自然科學所探索的是自然洶湧力量的「始基」(Arkhé)，它最早起源於西元前6世紀的希臘。在那個沒有現代觀測器材，也沒有實驗裝置的時代，居然能夠發展出與現代原子論相通的思想，著實令人驚奇。古代人認為探索我們周遭的自然，有助於理解我們自己本身，所以當時的哲學家同時也算是科學家。

不過，之後的羅馬帝國時代，由於基督教普及，哲學家的科學發現卻逐漸被淡忘。進入中世紀後，透過十字軍東征等軍事行動，使歐洲人得以接觸伊斯蘭文化，於是促成了12世紀的「文藝復興」。翻譯成阿拉伯語的希臘哲學家著作逆向輸入歐洲，其中的代表就是亞里斯多德，他的名著《論天》、《天象論》就是在這個時期重新譯成拉丁語。而且在中世紀，這些學問的變革還延伸出16世紀的「科學革命」，觸發哥白尼(Nicolaus Copernicus)、克卜勒(Johannes Kepler)、伽利略(Galileo Galilei)、牛頓(Isaac Newton)這些科學家留下重大的研究成果。

然而，哥白尼等發起「科學革命」的人們，目的卻與希臘哲學家不同──他們的科學成就主要是為了驗證基督教的真理。畢竟催生出自然科學的，是在思想上與哲學處於兩個極端的宗教。直到18世紀的「啟蒙時代」，人們才終於從宗教中解脱，逐漸自立。但是這一段過程，也導致中世紀被後世形塑成迷信荒誕的黑暗時代。

アリスト
テレス
希臘哲學長久以來在歐洲逐漸遭到遺忘。
伊斯蘭帝國軍
十字軍
穆斯林再次將希臘哲學帶進歐洲。

2章

思考詞語

詞語是我們思考和溝通必備的工具。這一章就來介紹哲學家們解讀詞語的方法，以及詞語對認識的影響。

ことば

*詞語

思考詞語

所謂的自己，究竟是誰？

It's me
我就是我。
我就是我。
別人和我，同樣都是「自己」嗎？

自己是什麼？一旦我們聽到有人這麼提問，就會發覺這其實也是個語焉不詳的問題。

我對我而言是「自己」，你對你而言也是「自己」。那麼，這兩個「自己」難道指涉的對象是同一個人嗎？答案恐怕是否定的。畢竟我不可能直接經驗到對你而言的「自己」，反過來說也是如此。

如果是我向我自己詢問「自己」是什麼，那麼被問的對象也是我自己。從這個角度來思考的話，這兩個「自己」就會是相同的嗎？如果是相同的，那麼照道理來說應該不可能會產生這種疑問才對。實際上，動物應該也不會煩惱這種問題才是。

即使如此，對我們人類來說，提出這種問題並不奇怪。所以，前提應該是有個與被問的「自己」截然不同的提問者，也就是立場為「他人」的自己。從這一角度切入，「他人」又是什麼呢？一個問題就是如此這般，引伸帶出其他更多的問題。

蘇格拉底的「自己」

自己是無知的

德爾菲神殿的門楣上刻著「認識你自己」，可以連結到蘇格拉底的無知之知。
認識你自己。

德爾菲神殿的格言是蘇格拉底的思考起點

古代希臘有一座德爾菲神殿。當時的希臘人有個習慣，只要遇上問題，就到神殿祈求神諭。這座神殿的石碑上所刻的格言，就是「認識你自己」。蘇格拉底正是將這句話奉為自己的思想圭臬，以「認識自己」作為畢生的課題。

蘇格拉底（前470左右～前399）
希臘哲學家。沒有留下著作，其學說主要是透過柏拉圖所寫的對話錄流傳後世。德爾菲神殿的神諭「認識你自己」，是蘇格拉底思考的起點。

德爾菲的神諭
「沒有比蘇格拉底更有智慧的人」
為了解析神諭的含義
智辯家們不停與人對話問答
他們明明什麼都不知道
卻以為自己無所不知
蘇格拉底很清楚
自己什麼都不知道（無知之知）
是啊！
我根本什麼都
不知道嘛！
一切都是從「無知之知」開始。

認清自己一無所知的事實

並不是把問題丟給神就好，而是要先確認自己知道什麼、不知道什麼。這時不論我們願不願意，都會認清自己一無所知的事實。蘇格拉底相信必須先接受這股自覺、再開始思索，他的信念全都傾注在「認識你自己」之上。

給尋找自我的人

先從認清自己的無知開始吧。

佛洛伊德的「自己」

我們只能知道一部分的自己

好，妳是個十歲的少女……
妳現在能看見什麼？
患者
佛洛伊德用「自由聯想法」引導出人類的潛意識，分析病患的精神狀態。

西格蒙德・佛洛伊德（1856～1939）
奧地利的精神科醫師，精神分析學的創始人。在精神官能治療方面，發明引導出人類潛意識的自由聯想法。代表著作有《夢的解析》、《精神分析概要》等書。

人類無法了解潛意識

我們一般都以為自己的事唯有自己最了解，因為自己是比任何人都能意識到自身的存在。

但是佛洛伊德認為，本人意識到的自己僅僅只是一小部分而已，背後還潛藏著本人也無法掌握的潛意識的自己。

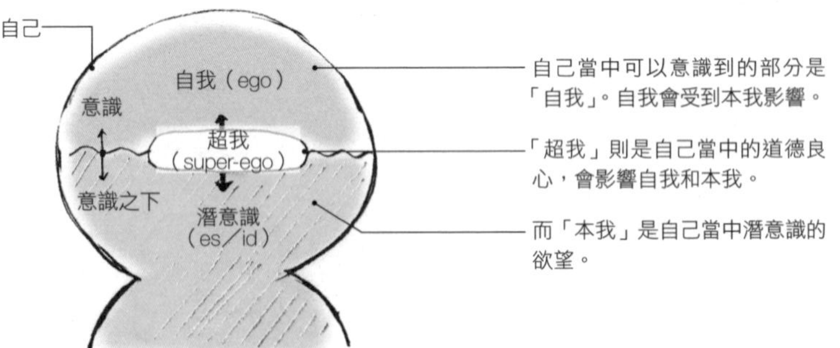
自己
自我（ego）
意識
超我（super-ego）
意識之下
潛意識（es／id）
自己當中可以意識到的部分是「自我」。自我會受到本我影響。
「超我」則是自己當中的道德良心，會影響自我和本我。
而「本我」是自己當中潛意識的欲望。

我們意識到的自己，僅僅只是一小部分

我們無法完全控制自己的感情和欲求，不論我們再怎麼用意志力約束自己，也無法成功。引用佛洛伊德的說法，這是因為我們的欲望並非來自意識，而是來自意識表面之下的潛意識（id）。我們所知道的自己，終歸只是意識到的自己（ego），只是自己的一小部分。

給不了解自己的人

我們能夠意識到的自己只有一小部分，也沒有辦法了解真正的自己。

海德格的「自己」

對自我存在的疑問不會有答案

人經常會憂心、無法理解為什麼自己現在置身於此地。
無論是誰，始終都會惦記自己的存在。

馬丁・海德格（1889～1976）
德國哲學家。他在知名代表作《存在與時間》中主張，此有（人類）的存在意義表現在過去、現在、未來統合而成的時間性。

對存在的疑問得不到答案

「自己是什麼」──海德格認為這個問題的根源，在於自己的存在不符合自身的彆扭感覺，由此感覺最終表面化的結果。不過，自己是什麼？為什麼我在這裡？這些問題都不會有明確的解答。因此海德格認為人類是一種受到根本上的不安所折磨的生物。

為了壓抑「不安」，而捨棄「自己」。
什麼都不用想，只要模仿別人就能放心了。正是因為有這種人，才會促使納粹崛起。

只要和大家一樣就能安心了

每個人都是一回神才發現，自己置身在某個時代的某個國家、作為某個家庭的一分子而活；有時候我們無法好好接受這個事實，不得不質疑「自己到底是什麼」。但是，思考這種沒有答案的問題，實在令人疲倦。

因此我們會逃避思考沒有答案的問題，與大家做出相同的行為、迎合周遭的人而活，藉此壓抑內心的不安。選擇這種生存方式的人，海德格稱為「常人」（Das Man，75頁）。

給容易隨波逐流的人

千萬別相信常人。再怎麼不安，自己的事都要靠自己決定。

思考詞語

人與人有可能互相理解嗎？

你亂講！
A沒有錯，
B是不對的，
C沒有錯！
A是對的，
B是不對的，
C是對的！

咦？意思不是一樣的嗎？

我們平常會使用詞語，與別人溝通自身的意念或想法。現在就要提問，這種詞語的溝通真的可以完整且準確無誤地傳達彼此的意圖嗎？進一步來說，想要確認是否傳達正確，也需要詞語。如此一來，不論彼此談得再多，都只是在繞圈子罷了。

話說回來，我們都確實理解自己說話的內容嗎？開口前在腦中組織的內容，也同樣都是由詞語所構成；如果要檢查這些詞語是否正確傳達腦中思考的內容，同樣還是需要透過詞語。

詞語果真精準地傳遞了我們所有的思維感受嗎？有一句格言是這麼說的——沉默是金，雄辯是銀。如果不是依靠詞語，是否反而更能正確地傳達我們的意念呢？畢竟，若是像情侶或是摯友這般知心的關係，詞語的交流傳遞反而顯得多餘。

既然如此，和某個人「互相理解」某件事，究竟是什麼狀態呢？

笛卡爾的「理解」

懷疑方法對於互相理解也很重要

平民
王后
國王
人人都有理性，
此即理性主義。
平民也有理性
王后也有理性
國王也有理性

勒內・笛卡爾
（1596～1650）
法國哲學家。
參照33頁。

理性是平等賦予人類的能力

笛卡爾在《談談方法》一書的開頭寫道：「良知，是人間分配得最均勻的東西。」良知是指「正確判斷、區分真偽的能力」，也就是理性（理解事物的能力）。理性無關乎身分的差異和學識的有無，眾人都能平等得到。笛卡爾認為，規範人類首要的並不是感覺或經驗，而是理性。

平民改成
青年
王后改成
中老年女性
國王改成
中老年男性
來試著排除
所有可疑因素吧！
排除所有與身分相關的資訊，將會更容易促進彼此互相理解。

實踐理性的第一步是懷疑

如笛卡爾所言，如果人類真的有理性，理應不可能無法「互相理解」。然而實際上，雙方卻沒能做到真正理解彼此，這是為什麼呢？

笛卡爾的回答是，大多數人都失去了正確運用理性的方法。由於生長環境的差異以及社會的惡劣影響，會使得我們的理性逐漸扭曲。

因此，笛卡爾主張的方法就是先將差異全部一筆勾銷，從根本開始重新思考的「懷疑方法」（33頁）。笛卡爾認為，懷疑方法也是人類走向互相理解的途徑。

給在陌生人面前會忍不住緊張的新進員工

試著拋開頭銜，重新面對對方吧。

維根斯坦的「理解」

理解需要一再的確認

維根斯坦的老師兼哲學家羅素，和摯友兼經濟學家凱恩斯，都十分佩服他敏銳的才智。
羅素
!
凱恩斯
!!
詞語才能反映世界。凡不能言說，須保持沉默！

路德維希・維根斯坦（1889～1951）
奧地利哲學家。早期著作《邏輯哲學論》影響了邏輯實證主義；後期著作《哲學研究》的語言分析，對於日常語言學派影響深遠。

無法訴說的事物，只有沉默

維根斯坦終其一生都在研究語言溝通的問題，他的早期和後期思想內容有非常大的差別。在其處女作《邏輯哲學論》中，主張語言是反映世界的鏡子，有意義的詞語具備了相對應的事實。也就是說，只要運用正確的詞語，就不會發生溝通的問題。至於無法用詞語訴說的事物，就只有沉默而已。

語言
語言全都是一種「語言遊戲」，必須時時確認它會走向哪裡。
維根斯坦在晚年著作裡，主張已與早期有很大的差異。
維根斯坦

詞語是否通達，唯有經確認才知道

然而，維根斯坦在最後的著作《哲學研究》裡，卻主張詞語的意義取決於每一次使用的狀況。他在書中提出所有詞語的互動都是一種「語言遊戲」，並且以詞語的拋接球來形容對談的狀況。拋出的球（說出的話）是否順利飛到對方那裡（被理解），只有在拋出以後才知道（53頁）。

給不擅長溝通的人

可以試著享受一下見人說人話、見鬼說鬼話的感覺吧！

伽達默爾的「理解」

不存在完美的互相理解

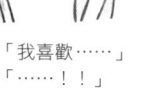

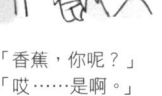

在文本整體完結以前，無法確認各個詞語的意義。

「我喜歡……」
「……！！」

「香蕉，你呢？」
「哎……是啊。」

「原來你也喜歡！」
「！！！」

部分與全體的「循環」

話說，「理解詞語」到底是怎麼一回事呢？如果沒有理解開口發出聲的每一個單字的意思，就無法理解整個文本的意思。但是，各個單字的意義卻要等到整個文本完結後才能確定。詞語的意義有時候也會根據說話的狀況，或是對話的方向而搖擺不定。伽達默爾（Hans-Georg Gadamer）提出的「詮釋學」大前提，就是要承認各個詞語和全體文本在說話的時候，部分與全體產生的相互關係和循環。

只能從完整的文本來理解意義。
不論溝通到什麼程度，
我們永遠都走在理解的途中……。

漢斯－格奧爾格・伽達默爾
（1900～2002）
德國哲學家。最著名的研究是將人類的詞語（說和聽）當中與由來有關的意義，寄託於解釋方法的「詮釋學」。

人類絕不可能互相理解

同樣的詞語，意義會因為什麼人在什麼時候、在哪裡說話而改變，詮釋學將這種情形闡述為說者和聽者都有各自的歷史。雙方若要互相理解彼此說出的話語，就必須互相理解彼此的歷史。每個人的歷史、環境和其他各種水準之上的相互關係，就稱作「詮釋學的循環」。

伽達默爾的觀點是，所有溝通都是一種循環，是永不結束的過程。也就是說，溝通總是從途中開始，且永遠走在途中，無法抵達完美的互相理解，只能每一次都在某一處定下折衷點。

給不擅長溝通的人

人與人之間不可能完全互相理解，所以才要找出妥協點。

思考詞語

我們如何感知色彩？

晝
夜

同一片大海，在白天是明亮的藍，在黑夜卻是深沉的黑。
但這可不是因為海水的顏色改變……。

根據色彩辭典的定義，物體的顏色是指表面反射的光線顏色，亮度也會依物體表面的折射率而定。不過，實際上我們肉眼所見的物體顏色，又是怎麼一回事呢？

比方說，如果有人問「大海是什麼顏色？」相信無論是誰都會直覺回答「藍色」這個答案。可是即便大家一致認同是藍色，大海依然擁有各種不同的色調，只要每個人看到的不是同一片海洋，就無法斷定回答的是同一種藍。進一步說，即便是同一片大海，只要所處的時間與季節不同，顏色也會跟著改變。假設你和某個人在同一時間看著同一片海，你們兩人口中的藍，難道就會是同一種藍了嗎？好比說，我會描述為「深藍色」，你卻稱之為「藏青色」，這樣還算是同一種藍色嗎？

話說回來，我們的雙眼難道能夠像相機鏡頭一樣，忠實地反映外界的景象嗎？就像開頭提到的，要是沒有光，也就沒有色彩。既然如此，我們豈不是必須質疑是否真的有客觀的顏色存在了呢？

笛卡爾的「色彩」

色彩是精神的運作所構成

感覺會背叛我們！
夜晚走在路上，看起
來像幽靈的東西其實
只是芒草的影子……。

勒內・笛卡爾（1596～1650）
法國哲學家。參照33頁。

千萬別輕信感覺

透過思想實驗「懷疑方法」（33頁）追求真實的過程中，笛卡爾第一個排除的可疑因素，就是我們人類的感覺。的確，感覺經常欺騙我們，引起錯覺。不過，笛卡爾認為感覺的問題並不僅止於此。

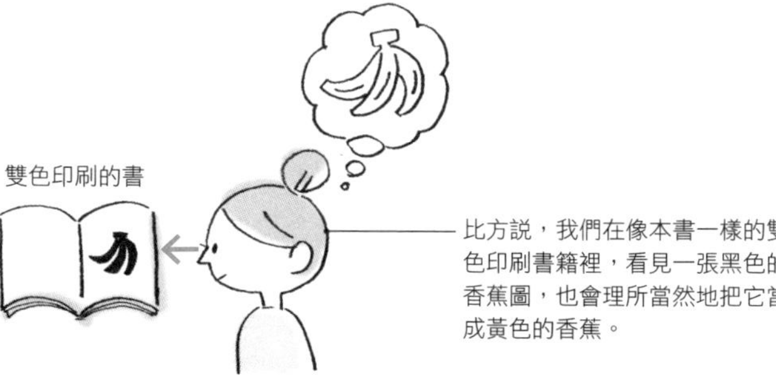
雙色印刷的書
比方說，我們在像本書一樣的雙
色印刷書籍裡，看見一張黑色的
香蕉圖，也會理所當然地把它當
成黃色的香蕉。

眼前所見實為過去記憶的色彩

笛卡爾認為，人類傾向於相信自己當下感知到的顏色等同認識對象的顏色。因為我們人類都有個習性，就是在感知某個顏色時，大多數都是套用過去看過的色彩，才會有已經認識這個顏色的感覺。

引用笛卡爾的說法，我們實際上看到的顏色都是精神作用下的產物，只是我們草率地認定那就是我們正在看的物體本身的屬性。

**給熱衷
拍出IG美照的人**

質疑一下你以為很美的
色彩是否真的很美吧。

歌德的「色彩」

色彩來自於光與影

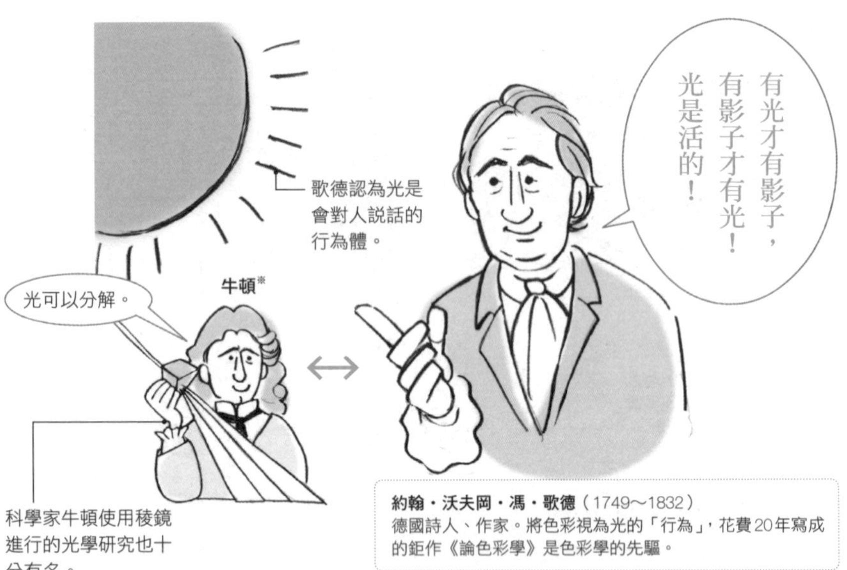

有光才有影子，
有影子才有光！
光是活的！
歌德認為光是
會對人說話的
行為體。
牛頓※
光可以分解。
科學家牛頓使用稜鏡
進行的光學研究也十
分有名。

約翰・沃夫岡・馮・歌德（1749～1832）
德國詩人、作家。將色彩視為光的「行為」，花費20年寫成的鉅作《論色彩學》是色彩學的先驅。

光並非研究的對象，而是活動的行為體

大文豪歌德（Johann Wolfgang von Goethe）還有一個身分，就是自然研究家。他批判對自然量化分析的科學家，並主張不能將自然現象視為單純的事物，而是會對人類說話的活生生行為體。這種獨創的思維凝聚而成的寶貴成果就是《論色彩學》，書中寫道「自然的全體會透過色彩、藉由眼睛的感官來啟發自我」。

散發光芒，所以是黃色。

閃耀藍光，所以是藍色。

藍色是自黑暗而生的色彩

歌德終其一生都在批判牛頓只把色彩視為一種光學現象。根據歌德的說詞，牛頓只考慮到光，但是生成色彩的其實是光與非光的現象，也就是黑暗。注重色彩生成觀點的歌德認為，黃色是來自於光，藍色則是來自於黑暗，而黑暗也是一種色彩。

給無法成為風雲人物的人

只有光芒是無法產生色彩的，陰影也是非常重要的存在。

※　艾薩克・牛頓（1642～1727），英國自然哲學家、數學家，因地心引力等重大發現而聞名。

沙皮爾－沃爾夫的「色彩」

詞語會左右人對色彩的認識

人是靠詞語來感知世界。
沃爾夫
沙皮爾

愛德華・沙皮爾（1884～1939）
班傑明・沃爾夫（1897～1941）
兩人同為美國語言學家。他們共同提出「沙皮爾－沃爾夫假說」，假設語言的結構會影響人對世界的認識。

語言會侷限知覺

語言學家愛德華・沙皮爾（Edward Sapir）以及班傑明・沃爾夫（Benjamin Lee Whorf），證明了我們的感覺和知覺作用，會明顯受到母語的影響。

如果問日本人彩虹是什麼顏色，普遍會得到「紅、橙、黃、綠、藍、靛、紫」7種顏色；但若用同一道問題詢問美國人，卻只會得到6種顏色的答案。這並不代表日本人的視力特別精密，單純只是英語裡沒有指稱「靛色」的單字罷了。

青女

古語中的青女是霜的別名，最早出自中國西漢的典籍，為掌管霜雪的女神。

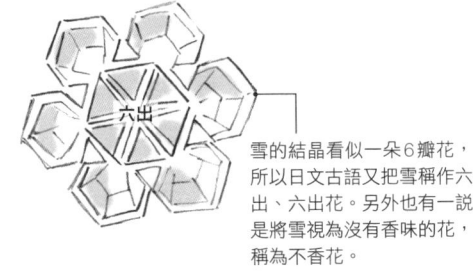

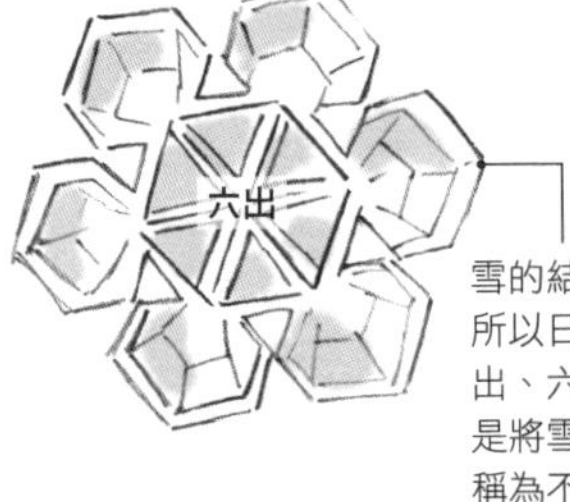
六出

雪的結晶看似一朵6瓣花，所以日文古語又把雪稱作六出、六出花。另外也有一說是將雪視為沒有香味的花，稱為不香花。

語言是掌握現實世界的萬能工具嗎？

知覺、思考和認知這些能力，都會嚴重受到母語的限制。同樣的道理也可以套用在日語。雖然指稱雪的詞彙只有一個，但是雪鄉居民所熟悉的雪，降雪量卻是溫暖地區的居民無法想像的程度。

給轉職後無法適應新職場文化的人

不妨透過詞語，來掌握新環境的規則。

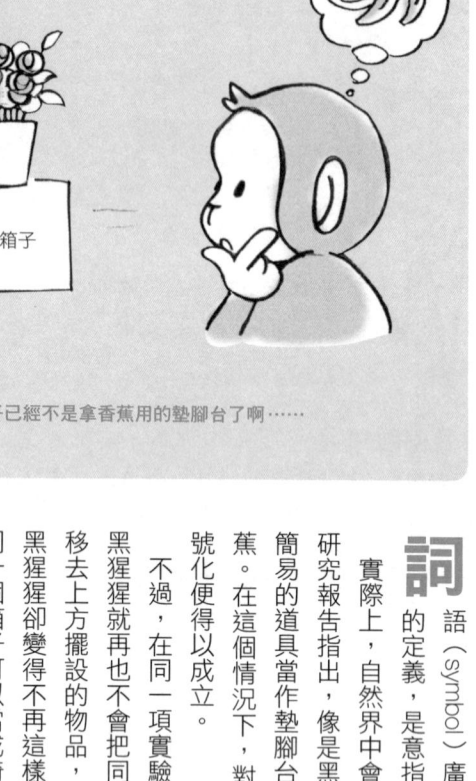

語言如何與現實發生連結？

箱子
那個箱子已經不是拿香蕉用的墊腳台了啊……

詞語（symbol）廣義而言是一種符號。我們一般對符號的定義，是意指為了做某個指示所採用的替代表現。

實際上，自然界中會操縱符號的生物並不僅限於人類。有研究報告指出，像是黑猩猩等類人猿動物，也會利用箱子等簡易的道具當作墊腳台，站上去以便拿下掛在天花板上的香蕉。在這個情況下，對黑猩猩來說，「箱子＝墊腳台」的符號化便得以成立。

不過，在同一項實驗裡，一旦在箱子上面放置其他物品，黑猩猩就再也不會把同一個箱子認知為墊腳台了。明明只要移去上方擺設的物品，箱子還是一樣可以當作墊腳台，可是黑猩猩卻變得不再這樣想了。不僅如此，黑猩猩也無法理解同一個箱子可以當成椅子或是容器，能夠賦予多種用途。在這樣的情況下，當作某個替代物發揮功能的符號，與雙重符號、亦即當作某個替代物的替代物發揮功能的符號，兩者之間似乎具有某種關鍵性的差異。

具有雙重或是多重意義的符號，才算是詞語。

洛克的「詞語」

詞語會整合經驗累積增加的觀念

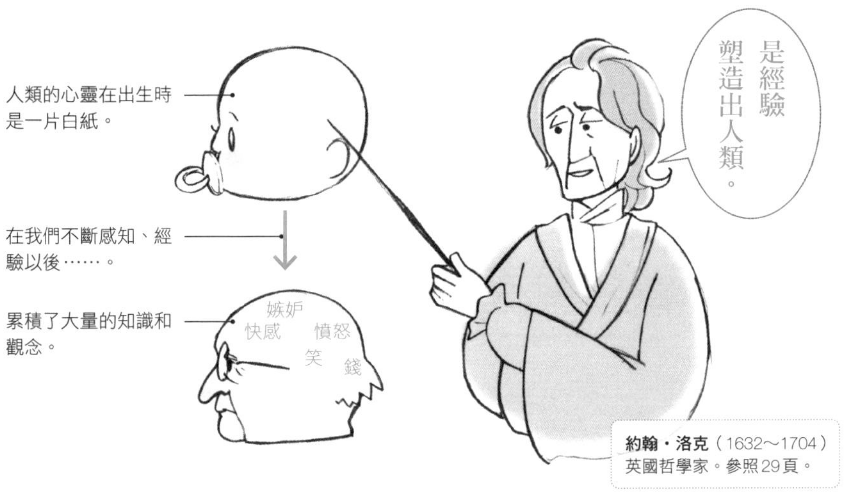
人類的心靈在出生時是一片白紙。
在我們不斷感知、經驗以後……。
累積了大量的知識和觀念。
嫉妒
快感
憤怒
笑
錢
是經驗塑造出人類。
約翰・洛克（1632～1704）
英國哲學家。參照29頁。

人類是從白紙開始累積經驗

洛克是英國既有思想「經驗主義」的提倡者。根據經驗主義的說法，人類是在白紙（tabula rasa）的狀態下出生，並且在親身累積「經驗」的過程中逐漸學習所有事物。這裡所說的「經驗」，意指我們透過感覺，認識外界每一件事物的過程。

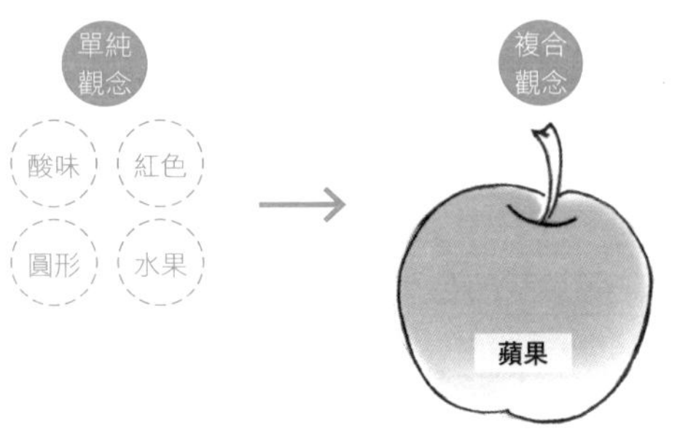
單純觀念
酸味
紅色
圓形
水果
複合觀念
蘋果

「詞語」是觀念的複合體統稱

洛克將透過經驗認識的內容稱作「觀念」，並區分為「單純觀念」和「複合觀念」。單純觀念是指物體的色、香、味、形之類的觀念，統合這些觀念後，即可得到蘋果或其他物體的複合觀念。只要逐漸增加同種類的複合觀念經驗，就需要再更進一步統合。以這種方式漸次整合、分類多種複合觀念的工具，就是「詞語」。

給表達能力不好而為此煩惱的人

多累積各種經驗，磨練自己的複合觀念吧。

索緒爾的「詞語」

認識會受到詞語影響

＊詞語
人類是由詞語所構成。

斐迪南・德・索緒爾
（1857～1913）
瑞士語言學家。不只研究語言和言語的概念，也著重於所指[※1]和能指[※2]等概念，對現代思想的「結構主義」領域影響深遠。

我們對世界的認識是因「詞語」而成立

索緒爾（Ferdinand de Saussure）在人類的「語言」研究上，推翻了許多傳統的概念。他其中一項成就，正是推廣人類對世界的認識是因「詞語」而成立的語言觀。

在此之前，最普遍的看法是將詞語視為事物名稱的「命名系統[※3]」。典型例子是聖經開頭，亞當為神創造的生物取名的描述。但是，如同沙皮爾－沃爾夫假説對「色彩」（49頁）的論點，彩虹的顏色取決於指涉色彩或彩虹的語言詞彙，因而命名系統無法成立。

語言＝詞彙和文法的體系
日本語
Français
English
有日語、英語、法語等各式各樣的語言。
言語＝個人會話或其他使用語言的行為
Thank you!
こんにちは
有説者所説的具體言語，才能體現語言。
説話者

語言創造世界

索緒爾認為，語言並非如實反映世界的表象，反而是我們的知覺和認識被語言所限制。索緒爾嚴謹思考「語言創造世界」的狀況，並發明許多專門術語來分析語言。

其成果的一部分，就是區分出我們在日常生活中作為母語流通的語言，是屬於廣義的符號的一部分；而每天具體訴説的，則是語言實體化後表現出來的詞語。

給想要了解外國朋友的人

先從學習該國的語言開始吧。

※1　指概念、意象等符號的內容。
※2　指聲音、文字等符號的表現。

維根斯坦的「詞語」

詞語的意義取決於對話之中

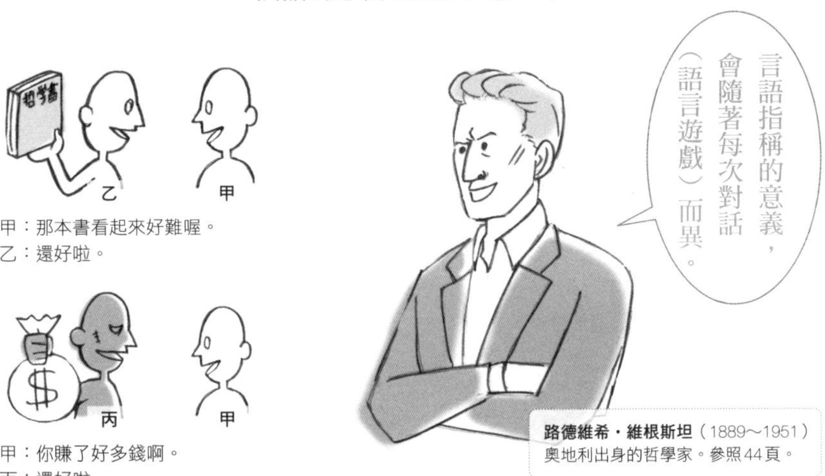
哲学書
乙
甲
甲：那本書看起來好難喔。
乙：還好啦。
丙
甲
甲：你賺了好多錢啊。
丙：還好啦。
言語指稱的意義，會隨著每次對話（語言遊戲）而異。

路德維希・維根斯坦（1889～1951）
奧地利出身的哲學家。參照44頁。

對話有多少，詞語的意義就有多少

晚年的維根斯坦，運用了「語言遊戲」的概念，提出全新的語言理論。根據這個理論，詞語的意義並非預設好，而是只能依每一次對話（語言遊戲）使用的結果而定。而且，在對話中有其確定的意義，也僅限於遊戲內通用。如此一來，對話有多少，詞語的意義就有多少。

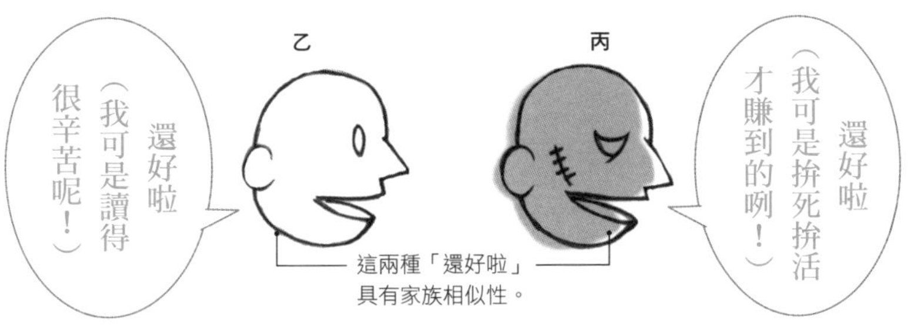
乙
丙
還好啦（我可是讀得很辛苦呢！）
還好啦（我可是拚死拚活才賺到的咧！）
這兩種「還好啦」
具有家族相似性。

語言總是莫名相似

辭典裡收錄了確定的詞語意義，但是根據維根斯坦的說法，詞語的意義是依每一次的語言遊戲而定。那辭典裡的意義又是怎麼決定呢？在思考這個問題時，不妨參考維根斯坦晚年提出的「家族相似性」概念。

親子或兄弟姊妹都會有某些相似的部分，但這並沒有共通的定律。維根斯坦說，這種總覺得很像的狀態，或許也存在於每一次語言遊戲中決定的意義之間。

給想變成閒聊高手的人

要注意詞語的意義每次都會改變。

※3　命名系統的概念，意指世界是由各式各樣的事物集合而成，事後才用一對一的方式為這些事物取名，而這些名稱就是語言。

column

尋找自我的哲學史

自己不同於其他人，是這世上獨一無二的存在。這個命題一直到19世紀以後，才終於在當時位於歐洲邊境的丹麥成為哲學的探討主題。其中丹麥哲學家祈克果（70頁）將活在當下的自己稱作「存在」，並且展開後續的討論。

祈克果如是說：「無論何時何地，任何人都適用的真理，根本無關緊要。重要的是找到自己專屬的唯一真理，縱使為此而生、為此而死也在所不惜。」言下之意是只為了自己而探討的哲學，才是最重要的事。祈克果生前在丹麥國內不過是個無名小卒，後來是德國牧師史倫夫（Christoph Schrempf，1860～1944）沉醉於他的思想，為他發行著作的德語版全集，他的名號才傳遍整個歐洲。

第一次世界大戰結束後，在戰敗後一片荒蕪的德國境內，精神科醫師雅斯培（Karl Theodor Jaspers，1883～1969）繼承了祈克果的思想，建立注重個人信念的存在哲學。雅斯培以「單獨者」來表達我這個存在是獨一無二的概念，但是平常的我們根本不會察覺到這一點，只有置身於戰爭以及死亡這些「極端狀況」時，我們才會被迫體認到自己是個單獨者的事實，並且全心全意地尋求能夠支撐這個自己的、與「他者」的往來關係。

第二次世界大戰以後，存在哲學藉由法國沙特（26頁）的思想，近一步轉化為無神論存在主義，並且推廣世界，這才引起全球性的思想潮流。

幸福得先
從自己開始啊！
英俊風流才子
祈克果
祈克果有個小10歲的
美麗未婚妻，她來自名
門奧爾森家族。
你難道不願
讓我幸福嗎？
大家閨秀
雷吉娜
1841年，祈克果單方面解
除婚約，埋首寫作。這對知
名佳偶分手的消息，甚至在
丹麥引發八卦輿論。
單身英年早逝的祈克果，將死後的著作權全
部留給了雷吉娜。

3章

思考人生

現代瞬息萬變的情勢，以及無法預知的突發狀況持續不間斷。哲學家從古至今思考人生的問題，他們所給予的解答究竟能帶給我們哪些啟發呢？

人生有意義嗎？

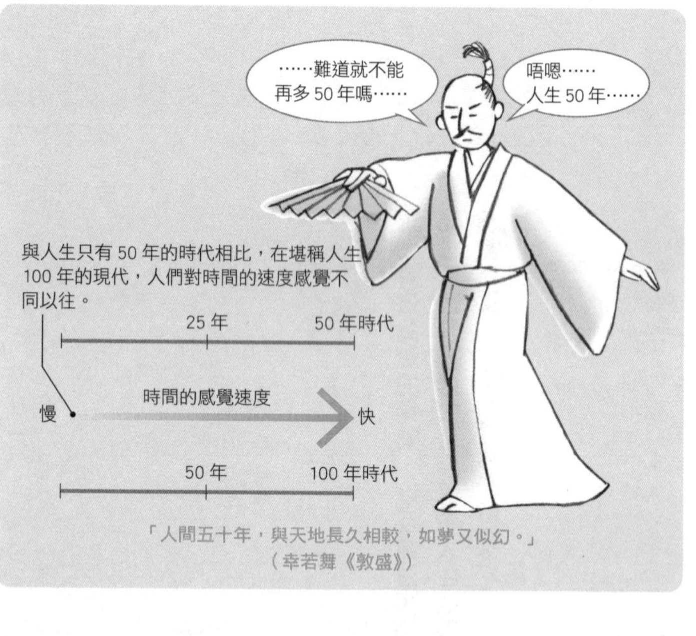

……難道就不能
再多50年嗎……
唔嗯……
人生50年……
與人生只有50年的時代相比，在堪稱人生100年的現代，人們對時間的速度感覺不同以往。
25年
50年時代
時間的感覺速度
慢
快
50年
100年時代

「人間五十年，與天地長久相較，如夢又似幻。」
（幸若舞《敦盛》）

日本有句俗語「人生五十年」。這句話出自日本能劇的一種——幸若舞名篇《敦盛》裡的一節，由於織田信長曾經舞蹈過而聞名。江戶時代的俳人井原西鶴也曾在五十二歲這一年，留下了辭世之句「竟多賞二年浮世明月」。

但如今人們對歲月流逝的感受又是如何呢？現代男女的平均壽命都已經超過八十歲了，卻又不能像年輕時期一樣健康地迎來長壽的晚年。雖然醫療已經十分進步，但仍有許多疾病還無法達到完全治癒的程度；說得更明白一點，現在身上患有心臟病、糖尿病等生活習慣病，堪稱半個病患的人口仍然持續增加中。

在孩提時期，總覺得一年實在太過漫長；但是隨著年齡的增長，我們感受時間的流動速度似乎也會逐漸加快。

感受時間快速流逝的同時，沒有人知道自己何時會因為疾病、重大傷害、自然災害、事故等因素，驟然結束或長或短的一生。置身於無法看透人生整體面貌的處境中，我們又該如何面對「人生」的問題呢？

耶穌基督的「人生」

人生是由神決定

一切都是神的旨意。
神
我們的人生
全都是由神預定。

耶穌基督（前4～後30）
革新猶太教信仰、透過傳教和施展奇蹟吸引了眾多信徒，被奉為救世主；但因為有蠱惑人心之嫌，遭到羅馬帝國猶太行省第5任總督彼拉多處以釘十字架之刑。

〈人生年表〉

西元前4年	聖誕（0歲）
西元10年	與教師談論舊約聖經教義（12歲）
西元27年	在約旦河接受約翰洗禮，展開傳教活動（30歲）
西元30年	因自稱「神子」而獲罪，判處釘十字架之刑而死（34歲）。下葬第3日復活，40日後升天。

人生是由神所預定

在西方萌芽發展的哲學，有很長一段時間與基督宗教共存。基督教宣稱神是世界上唯一的存在，神從無當中創造出萬物。於是身為被造物（30頁）的我們，存在意義也是由神所決定。

哇！
終於要上天堂了！
才怪，
你只是綁著降落傘
掉下來而已。

人生的意義就是蒙主召喚

信奉基督教，就要採取遵從神旨的生活之道，在「最後的審判」中得到上天堂的資格，這才是人生的意義。如果意識到超越自己的存在，可以規範現實的生活、讓人生活得更有幹勁，其實也不失為一個好方法。

給沮喪失落的人

既然人生是由神預定好的，那麼所有發生的事都必定有其意義。

尼采的「人生」

別再依賴上帝，接受現實吧

明明「神死了」啊……
依靠超越者的人生相當於奴隸！

弗里德里希・尼采（1844～1900）
德國哲學家。宣稱上帝已死，提倡善惡彼岸的「永恆輪迴的虛無主義」。代表著作有《悲劇的誕生》、《查拉圖斯特拉如是說》等書。

人生不能依賴超越的存在

尼采從根本上否定了皈依基督教這種超越價值的生存之道。引用尼采的說法，基督教就是「世俗化的柏拉圖主義」。柏拉圖（25頁）主張要理解這個世界，就必須認識各個事物「理型」（4頁）。尼采則精準道破這個理型說的宗教版本就是基督教的神。

讓我們堅強活過這個沒有神的世界，成為「超人」吧！
罷凌
內向
淚水

人生需要的是接受現實的韌性

尼采認為，人生需要的是能夠正面承受這種嚴苛現實的堅強，並批判對此視若無睹的態度不過是「弱者的思想」。尼采更聲稱基督教不但是弱者的「同情宗教」，也是對強者的無名怨憤（Ressentiment）。

給有過痛苦遭遇的人

千萬不要想依靠超越的存在（神），要接受現實。

湯瑪斯・內格爾的「人生」

人生是二律背反，充斥著煩惱

人生是什麼？
會有這種煩惱才是人類。
煩惱是有意義的！

湯瑪斯・內格爾（1937～）
美國哲學家。推展人生理論的論文《成為一隻蝙蝠可能是什麼樣子》裡，提出「成為……是什麼樣子」（What is it like to be…）的句型，也因此成為名句。

有疑問，人才之所以為人

美國當代的代表哲學家內格爾（Thomas Nagel）認為，我們無法斷定自己的人生有意義，無論何時都會捫心自問「人生的意義何在」。不過，內格爾認為正是這分優柔寡斷，才賦予人更具有人性。而這又是為什麼呢？

人生多麼美好！
人生沒有意義！
互相矛盾卻又能同時成立的關係，稱作二律背反。

二律背反才是人生的本質

既然都這麼提問了，應該任誰都會這麼回答「希望人生有意義」；但與此同時，我們腦海中卻又拋棄不了「可能根本就沒有意義」的懸念。內格爾認為，不論是好是壞，正是因為有這個二律背反，擁有自我意識的人類才能展現出其他生物所沒有的特異性。

> **給感受不到人生意義的人**
>
> 光是有這種煩惱就很幸福了，二律背反才是人生真相。

幸福是什麼？

財
追求現實
沒有的東西
愛
假裝
看不清現實
「跟帥哥結婚、變成超級富豪……」與其許下這種夢想，不如先接受你當下身處的現狀吧？

人人都想要得到幸福。但是，每個人所認為的幸福樣貌卻又不盡相同。

這麼說來，「幸福是什麼」這樣的個問題實在過於籠統。因此，這裡最好也改變一下問題的內涵，改成我們應該如何實現「自己心目中的幸福」。

不過，這樣的問題還是潛藏著疑慮。現代法國哲學家安德烈・孔特－斯龐維爾（André Comte-Sponville）※主張，陷阱就藏在人對於可以實現幸福的事物、渴望什麼事物的想像之中。

根據孔特－斯龐維爾的說法，「渴望」其實就是一種追求「當下缺乏的事物」的態度。當我們賦予價值給當下並未擁有、稀缺的事物時，其實就等同於忽視了「自身現在身處的現實」。如此一來，渴望的前提，就變成「必須否定眼前的現實」了。孔特－斯龐維爾強調，不屈就於這種懦弱，接受當下身處的現實，擁有肯定現狀的堅強，這才是人生中最重要的事。

※　安德烈・孔特－斯龐維爾（1952～），繼承道德主義系譜的當代法國哲學家。主要探究生存的哲學，並締造當代哲學的繁榮。

亞里斯多德的「幸福」

幸福就在活動裡

對工匠來說，如果目的是完工落成的房子，那麼蓋房子的「行動」就不是幸福。
如果「行為」的結果是目的，從事這種行為並非幸福。

亞里斯多德（前384～前322）
希臘哲學家。柏拉圖的學生，在老師去世後，42歲成為後來的亞歷山大大帝的家庭教師。7年後返回雅典，51歲開設了哲學學園呂刻昂。

「活動」與「行動」並不等同

亞里斯多德在《尼各馬科倫理學》裡，將行為當中具有內在目的者稱作「活動」，有外在目的者稱作「行動」。他為了讓大家明白兩者與幸福的關係，首先闡明兩者的區別。

他以蓋一棟房子為例，工匠的目的不在於建造過程，而是行為的結果，即完工後的房子。換言之，該行為的目的在行為之外，所以建造房子並不是「活動」，而是「行動」。

行為都有目的，只要從事的是「活動」就能得到幸福。
欣賞畫作是「活動」，所以有「幸福」。

「活動」裡才有「幸福」

相較之下，比方說在美術館裡欣賞畫作時，重點在於欣賞的動作。也可以說，欣賞這個持續性的行為本身就是目的，因此欣賞美術可以說是「活動」。

由此可見，活動與行動的差異就是目的的所在之處。亞里斯多德大為讚賞的行為是「活動」，所以他認為從事「活動」才稱得上是「幸福」，這種狀態即是「eudaimonia」（幸福）。

給尋求幸福的人

只要從事以行為本身為目的的行為，就能幸福。

邊沁的「幸福」

如果全體都無法幸福，就以多數決定

飽了，
飽了～
滿足！
追求快樂的行為是善！
產生痛苦的行為是惡！
食欲是善，但暴食是惡。
最大多數的最大幸福。

傑瑞米・邊沁（1748～1832）
英國法學家，為功利主義的創始人。肯定快樂的價值，支持當時被禁止的同性戀行為，也不同意賣春和墮胎等「無受害者的犯罪」是一種罪行。

快樂和幸福才是「善」

每個人認為的幸福都不同，但如果我們都活在特定的團體之中、共享某種程度的價值觀，這分價值觀或許就是答案了吧。功利主義※1的代表人物邊沁（Jeremy Bentham）認為在一個團體之中，最多數成員認為是幸福的事，就是最善。

邊沁重視共同利益的典型，也就是幸福和快樂，因此他提出「最大多數的最大幸福」原則，目標是讓更多人得到更多的快樂。

不幸的人們
幸福的人們
犧牲少數人在所難免。
達到多數人的幸福才重要！

多數決的幸福

人與人之間總是有利害衝突，不可能讓所有人都得到幸福。因此，邊沁認為即使犧牲少數，也應該重視更多人的幸福。

邊沁的主張等同多數決原則，「最大多數的最大幸福」不可能讓所有人都享受同樣的滿足，但他認為這應當才是社會政策的基本依據。

給需要緊急決策的經營人士

要「大家都幸福」很難。為了多數員工著想，難免得付出些許犧牲。

※1　功利主義是指社會制度和行為的意義，取決於結果產生的效用。
※2　希爾提（1833～1909），瑞士政治家、法學家與作家。貫徹強調聖經重要性的立場，親自實踐禁欲的生活。

阿蘭的「幸福」

展開行動追求幸福

幸福就是與神同在。
積極活動就能幸福。
依靠理性才幸福！
希爾提
羅素
阿蘭

仰賴理性維持好心情

希爾提[※2]（Carl Hilty）的《幸福論》（1891）、阿蘭（Alain）的《幸福論》（1925）、羅素[※3]（Bertrand Russell）的《幸福論》（1930），統稱「三大幸福論」。希爾提身為虔誠的基督徒，對他來說幸福就是接近神才能得到的內省；羅素則主張在現實社會中積極生存，才能找到幸福。阿蘭則是認為，照顧好身體，凡事都運用理性思索、保持心情愉快才是重點。

幸福的結果不是笑，總之先單純地笑吧。
打開笑門福自來。

阿蘭（1868～1951）
法國哲學家。本名是埃米爾－奧古斯特・沙爾捷（Émile-Auguste Chartier）。米舍萊公學的哲學老師，曾在第一次世界大戰時志願從軍，並非只在象牙塔裡思考。

正因為笑才有幸福

阿蘭的《幸福論》並不是一本追求幸福的指南書，如同書中所闡述「人並不是因為幸福才笑，是因為笑才幸福」。他並非主張觀念上的精神論，而是注重日常的心境，只要透過具體的言行，自然而然就能得到幸福。

如果覺得最近運氣很差

先常保笑容看看吧，幸福是要靠自己動身去追尋的。

※3　羅素（1872～1970），英國哲學家、邏輯學家與數學家，也是著名的政治活動家。很早就發掘了維根斯坦的才能，並協助他出版《邏輯哲學論》。羅素提出類型論，用以解決他自己發現的「羅素悖論」。

為什麼人非工作不可？

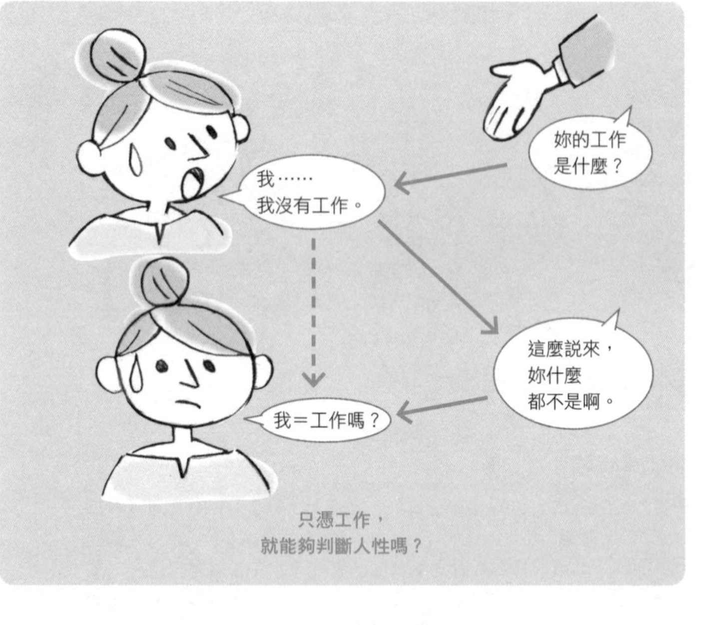
妳的工作
是什麼？
我……
我沒有工作。
這麼說來，
妳什麼
都不是啊。
我＝工作嗎？

只憑工作，
就能夠判斷人性嗎？

說起來，「工作是為了生活」這句話，對每個人來說應該都是人生的大前提吧。不過，我們真的都只是為了生活才工作嗎？

挪威的哲學家拉斯・史文德森※（Lars Fredrik Händler Svendsen）在他的著作《工作的哲學》中提到，現代大眾對於工作的認知，不再只有賺取酬勞、繳納稅金這些對外的關係與用途，而是愈來愈重視工作本身以及當事人內心的關聯性。

比方說，我們遇到未曾謀見的對象時，第一句恐怕都是先詢問「你從事什麼樣的工作」吧。對於「我們是誰」這種應當攸關自身存在的困難問題，答案會因為我們如何回答自己「做什麼工作」而異。雖然工作的內容也並非與當事人的人性毫無關聯，但也不能就簡單地視為完全相等。

正因如此，現代人才會重新追尋工作的意義，學習應如何拿捏生活與勞動的距離和比重，因此這些問題可能都會變得愈來愈棘手。

※　拉斯・史文德森（1970～），挪威作家、哲學家。其著作以哲學手法分析生活課題而聞名。

洛克的「工作」

工作會賦予人類個性與人權

勞動才是所有權的起源！
汗流浹背工作的是這副身體！
所以這些收穫都是我的！

約翰・洛克（1632～1704）
英國哲學家。參照29頁。

勞動才是「所有權」的起源

洛克在《政府論》中，將「所有權」的起源連結到身體的活動。

在這個由神創造的世界，自然資源是共同賜予給萬眾，自然是公共財產，沒有人可以主張所有權。但另一方面，我們又擁有自己專屬的身體。洛克認為運用身體勞動是人類既有的行為，所以勞動的產物應當是個人的所有物。

勞動地點的土地！
勞動的成果！
都是我的！

勞動的產物和作為勞動地點的土地，都能歸為己有！

人唯有工作才能成為人

洛克主張，人類唯有藉由工作，才能脫離神的被造物（30頁）的地位。勞動始能賦予人類個性和人格這些主體性。

洛克還認為不只勞動的產物，就連勞動地點的土地也是所有權的對象。洛克這樣的論點，後來成為資本主義社會的勞動倫理基礎。

給求職新鮮人的建議

投入工作可以得到主體性喔。

漢娜・鄂蘭的「工作」

工作是超越生物必然性的行為，勞動是生存的行為

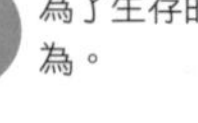
勞動

為了生存的行為。

工作

超越生物必然性的行為。

活動

人類過著團體生活，彼此建立關聯的行為。

人類行為的三種類型

鄂蘭（Hannah Arendt）在《人的條件》中，將人類的行為區分成「勞動」、「工作」與「活動」。

「勞動」是作為生物的人類不可欠缺的生存行為；超越生物必然性的行為是「工作」，藝術創作即是其中的典型。當人類過上團體生活、互相關聯所從事的行為，則是「活動」。「勞動」和「工作」是個人可以實行的行為，只有「活動」是以團體為前提，例如政治活動就符合這個前提。

勞動是迫於需要才做……

漢娜・鄂蘭（1906～1975）
德國哲學家。在納粹崛起之際從德國流亡至美國，以自己的親身體驗寫下《極權主義的起源》。她與曾協助納粹的海德格有一段婚外情。

唯有「勞動」不斷增加

鄂蘭認為，我們工作是「為了活下去」，「勞動」的時間必然會增加；相對地，我們會逐漸失去「工作」和「活動」。既然如此，勞動便不可避免地剝奪我們的自由。

給體會不到勞動價值的人

就把工作當成是為了生存才做的行為吧。

傅柯的「工作」

工作是人類存在的前提

人的價值觀
會因時代而異。
已經來到
不工作就會受罰的
時代了嗎……

米歇爾・傅柯（1926～1984）
法國哲學家。參照23頁。

怠於勞動者將受罰

英國從16世紀開始訂立了救貧法，為生病無法工作的人民供應衣食，身體健康卻好吃懶做的人則要受鞭刑。根據這條法律，遊民和失業者屬於懶人，也是必須處罰的對象。

傅柯在著作《古典時期瘋狂史》提到，中世紀最嚴重的惡德就是貪心，直到17世紀才由懶惰取而代之。

如今，不工作的人就
沒資格吃飯。

不工作，就不足以稱為人

工業革命以後，不勞動的人就會被視為不具社會性的存在意義。當時英國專為這種不適合投入社會的人，成立強制勞動的教育所。

於是，視「工作」為價值的人生觀，隨著資本主義經濟的建構而逐漸滲透至社會各個階層。這種工作成為人類存在前提的世道，依然延續至今日。當然，這種價值觀在今後也可能會逐漸改變。

給不想工作的人

工作才能讓你像個人。現在，工作已經是身為人類的必備前提了。

「生」之喜悅

佛洛伊德
不分場合到處親熱的
情侶。

人類實在是……
就是因為本能崩解了，才會不分時間、不顧場合。

動物只要活著，就會受到本能所帶來的各種欲望驅使。只要欲望滿足就會感到「愉快」，欲望被壓抑遏止就會感到「不快」。從某種意義來說，這種相當現實功利的動物性機制，也會出現在人類身上。而這時感受的「愉快」，就相當於我們生存的喜悅。

然而，根據精神分析學的創始人佛洛伊德（40頁）的說法，本能所帶來的欲望能量，以及滿足欲望的形式，這兩者之間的協調與關係，在眾多生物當中只有人類會發生不協調的情形。

比方說，絕大多數的生物都只會在發情期期間交配，這是種族為了傳宗接代所具備的本能，生物因本能而產生性行為的能力。可是與動物相較，人類的性行為卻是不分時間和場合，而且招式花樣應有盡有，再怎麼花招百出也應當有個限度才是。

那麼，這種脫離本能而存在的人類的「生」，真的都充滿無限的快樂、歡喜和「愉悅」嗎？

叔本華的「愉悅」

藝術才是真正的快樂安寧

人生充滿痛苦！
性欲、食欲、
追求財富的
欲望……受到
生命衝動擺布的
人生好痛苦啊。

人類的意志，就是想要活下去的衝動

叔本華（Arthur Schopenhauer）相信作為生物的人類的根本，就是想要活下去的無意識本能與生命的衝動。他稱此為「意志」。

叔本華的「意志」，與人類個人的想法完全不同，而是意指從根本去牽引人類的盲目衝動。

阿圖爾・叔本華
（1788～1860）
德國哲學家。他認為人生受到盲目的意志牽引，因而充滿痛苦，只能向藝術尋求救贖。代表作為《意志和表象的世界》。

叔本華將音樂視為最高層次的藝術創作。

人可以在藝術裡尋求安寧

意志本來與快樂和喜悅毫無關聯，我們的意志衝動會透過自己的身體動作表現出來，無法理解卻又企圖操控。叔本華認為在這種表象活動中，能夠撫慰意志、給人剎那生存喜悅的行為，最有效的就是「藝術」。藝術對我們來說才是快樂，才是最為深切的安寧。

給想要找尋生存喜悅的人

多接觸藝術吧，特別建議聽音樂。

祈克果的「愉悅」

成為唯一的真實存在

人類要經歷各個階段，才會成為真實的存在。
審美階段
追求快樂與美。
倫理階段
保持穩定的自己。
宗教階段
面對上帝。

索倫・祈克果
（1813～1855）
丹麥思想家。為存在主義的先驅。他認為在不安和絕望中，個人的主體才是至高無上。其著有《致死的疾病》、《生命的階段》等書。

歷經層層階段，找到生存的喜悅

祈克果將世界上唯一存在的自己，稱為「實存」。不過，只要人還在某個地方活著，就無法實現自己獨有的生活之道。

因此，祈克果為抵達實存的人生道路設定了幾個階段。

一開始是以對自己而言舒適的快樂為目標，追求的「審美」生活之道（審美階段）。但是，吸引我們的愉悅和美麗的事物多得無窮無盡，最終目標會變成持續追求的動作，而非追求的對象，就此深陷這種生活。

因此下一步不是追尋外在的目標，任由自己受外界擺布，而是可以開始邁向保持自我穩定的「倫理」生活之道（倫理的階段）。

根據祈克果的思想，人生的最終階段就是宗教階段。

給想要尋找生存喜悅的人

成為這世上獨一無二的自己。

契克森米哈伊的「愉悅」

要體驗心流

將一切完全投注於對象的感覺，就是心流！
心流可不是指在水流中的快感之類的喔。

米哈里・契克森米哈伊（1934～）
匈牙利出身的美國心理學家。從禪宗思想中啟發「心流」的概念。其著有《心流：高手都在研究的最優體驗心理學》等書。

實際體驗生存的喜悅

20世紀後半的美國，開始興起比起客觀釐清心靈的機制，更應重視該如何過著充實的人生、追求心靈愉悅的心理學。其中的代表就是契克森米哈伊（Mihaly Csikszentmihalyi）提出的「心流」體驗理論。找出擄獲自己內心深處的對象，將心理能量全部灌注在此，就能得到出乎意料的快感。這種狀態就稱作「心流」（flow）。

接下來的目標是飛越150m！
體育運動有明確目的，可以自由操控。所以從運動中很容易得到心流體驗。

讀書和工作也能獲得心流體驗

心流體驗的典型，常見於音樂家和運動選手身上，普通的學生或是上班族偶爾也會在用功讀書和投入工作時產生心流的感覺。這時，當事人內在的時間感覺會消失，並與周圍環境融為一體，儘管如此，精神狀態卻非常清晰，絲毫沒有不安，這就是心流所實現的特別瞬間。

給猶豫是否參加社團的人

當我們全力投入某件事，就可以得到心流體驗（快感）喔。

思考人生

永恆的「死」

我永遠不會
忘記您的。
太好了……
遺產是我的了。

思考死後的事一點用也沒有。不過，死者與周遭人的關係，在死後依然會持續下去。

就事論事，若是有人詢問死亡是什麼，要考慮的其實只有兩種情況。

・死後會失去一切。
・死後會有某些東西繼續存在。

如果是前者，既然人死後會失去一切，那麼我們根本無法思考死亡，而且也沒有意義。

但是，即便是後者，即使我們注定將與死者去世後所留下的身後之物共存，也沒有辦法在死者去世前便預先接觸這些東西，所以思考這個問題終究沒有用處。

話說回來，應該沒有比在個體的層次上思考死亡還要更強人所難的事了。根據考古發掘調查結果，智人的起源尼安德塔人在距今大約十萬年前，就已經開始懂得埋葬死人了。也就是說，從遠古時代開始，死亡始終攸關著死者個人與周圍被留下的人們之間的關係。

畢竟，即便死者早已安葬於地面之下，卻依然存在於我們的身邊。

佛陀的「死」

要逃離死亡（輪迴）的痛苦，必得拋開執著、獲得解脫

佛教的終極目標是超脫輪迴

西元前10世紀以前的古印度，普遍流行萬物會輪迴轉世的信仰。但是對當時的人們而言，輪迴卻是艱難的一生又要重頭來過，因此人們強烈渴望能夠從輪迴的迴圈當中解脫。

為了回應這股願望而誕生的思想，就是佛教。

古印度人認為，所有的生物都會在迷惘、痛苦的世界中不斷重生。
哎呀真神奇！
輪迴消失了！
你就拋棄執著吧。

佛陀（約前463～約前383）
佛教的始祖。原是釋迦族的王子，姓喬達摩，名悉達多。29歲出家，35歲悟道成為佛陀（覺悟成佛）。曾在恆河流域一帶宣揚教義。

拋棄執著，就能從痛苦中解放

佛陀（Buddha）認為，人類遭受的所有痛苦，都是來自於我們的心渴望什麼、恐懼什麼，也就是執著（渴愛）。如同深愛某個人，分手時才會痛苦；正是因為害怕死亡，才會執著於活著。

既然如此，不妨假設這些執著的事物打從一開始通通不存在。佛陀宣稱只要拋開執著，對現在生活的痛苦心情、對來世輪迴的厭惡心情也會隨之消失。

給害怕死亡的人

想要活下去的執著，這正是恐懼死亡的真面目。

蘇格拉底的「死」

死亡並非不幸

我根本不知道死是什麼……
老師！
您不要死～！
毒堇汁

蘇格拉底（約前470～前399）
希臘哲學家。參照39頁。

我對死亡一無所知

蘇格拉底被指控「信仰異教之神，誘使青年墮落」的罪狀而被判處死刑。行刑時，聚集在身邊的親朋好友都強忍著淚水，蘇格拉底則與他們進行最後的問答，隨後便將杯中的毒堇汁一飲而盡，毒發身亡。

蘇格拉底臨死之前曾說：「沒有人知道死後會如何，害怕死亡是不明智的行為，這種行為與佯裝成智者無異。我對死亡一無所知。」直到最後都貫徹「我一無所知」的「無知之知」立場。

死亡和熟睡沒什麼分別啊……
ZZZZ
親朋好友
蘇格拉底

死亡就像迎接一個無夢的熟睡夜晚

蘇格拉底還說過，如果死亡如同唯物論者所說，只是感覺全部消失、回歸虛無的話，就無異於一個無夢的熟睡夜晚，是一種幸福；倘若真有陰曹地府存在，還能在那裡和詩人荷馬與海希奧德交談、與眾神享受永生。總之，死亡對他而言絕非不幸的事。

給害怕死亡的人

沒有人知道死後會怎麼樣，大可不必擔心。

海德格的「死」

接受主體性的死亡

為了逃避
對死亡的
不安，恣
意花天酒
地、揮霍
無度，日
復一日。
你只是個「常人」！

馬丁・海德格（1889～1976）
德國哲學家。參照41頁。

逃避死亡的「常人」（Das Man）

不願正面思考自己是什麼，只會模仿他人的言行、迴避不安而活的人，海德格稱為「常人」（Das Man）。

那麼，究竟該怎麼做，才能脫離這種非原始的生活方式，恢復原本的自己呢？

意識到死，才能真正成為人。
我看見了……
我的葬身之地……

接受僅只一次的死亡，活下去

海德格認為，若要面對原本的自己，首要重視死亡。自己的死是只有自己才會發生的事，只能親身體驗。若從這層意義來看，自己的死是「不可能的可能性」。海德格認為，接受自己的死，才有可能看見原本的自己。

給準備迎向死亡的人

接受死亡，才能發現自己應當要做的事。

column

命運論與哲學

「命運」究竟是什麼呢？這個問題的答案會隨著時代而改變。希臘悲劇裡的「命運」，是指阻擋在英雄面前，令他絞盡腦汁也無法跨越的障礙。自基督信仰普及以後，「命運」成了「自由」對立面的概念。在神創造萬物的前提之下，人類只是一種被造物（30頁），人存在的意義主要也是來自神的意志賜予，因此人類沒有與生俱來的自由，當然也無法寄望改變自己的命運。於是，基督教時代以後，才開始萌生新的思想，認為人類有自由可以對抗神的意志所賜予的宿命。

神學家奧古斯丁（17頁）就是這麼想的。人類是從無中被創造出來的，因而有回歸無的根本衝動；人類之所以為惡，就是基於這股衝動所驅使。因此，人必須抗拒這股衝動，盡力接近創造自己的神，這才是神賜予的自由意志的真正用途。

文藝復興初期，貴族出身的哲學家皮科・德拉・米蘭多拉（Pico della Mirandola，1463～1494），引用神創造天地萬物的例子，提出以下想法。神分別在天空、海洋與陸地，創造出有能力適應各個場所的生物。好比說祂在天空創造了有翅膀的飛鳥，在海裡創造有鰓的魚，在陸地則創造有四條腿的獸；但是最後創造的人類，卻已經沒有可以居住的地方，也沒有可以得到的能力了。因此，神下令人類可以隨意前往、隨意居住在任何地方，並賜予他們可以完成這些心願的能力，也就是自由意志。

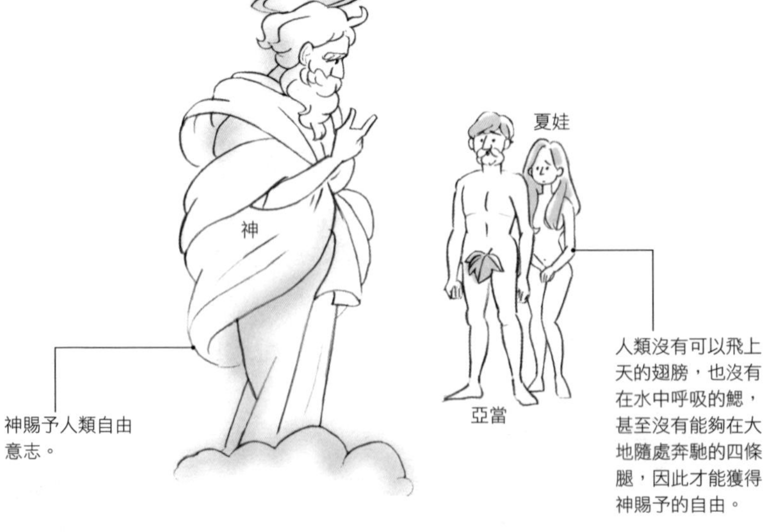
神
夏娃
亞當
神賜予人類自由意志。
人類沒有可以飛上天的翅膀，也沒有在水中呼吸的鰓，甚至沒有能夠在大地隨處奔馳的四條腿，因此才能獲得神賜予的自由。

4章

思考正義

當人思考「什麼才是正確」的時候，往往會受到個人的價值觀以及身處的局勢所左右。我們應該如何思考「正確與否」的問題呢？

關於正義的思辨

話不是
這樣講吧？
工作隨便做做
就好了嘛。
認真的員工
懶散的員工
以分配型正義
思考的話……
基本薪資
=
基本薪資
以矯正型正義
思考的話……
＋論成效計酬、績效獎金等
>
維持基本薪資

如果是分配型正義，大家都領同樣的薪水，這樣還算是正義嗎？

探討正義問題的歷史也十分悠久，而為這個問題賦予古典定義的哲學家，正是亞里斯多德（61頁）。他認為所謂的正義，必須是在任何情況、任何條件下都符合大眾所認定的「完全德性」。

不僅如此，亞里斯多德還進一步將正義分為「分配型正義」和「矯正型正義」。

分配型正義是平等對待所有相關成員的正義。以公司來比喻的話，就是不分認真工作的員工與偷懶的員工，都必須支付同樣的薪水。

矯正型正義則是指透過法規，修正不對等關係的正義。這時就算法規存在缺陷，遵守法規依然是絕對的規範。

但是，以前者的例子來說，應該不少人都無法接受認真的人和遊手好閒的人，在同一間公司做同樣的工作，居然還能領同樣的薪水吧？而在後者的例子裡，大家也會懷疑遵守錯誤的法規是否合乎正確的行為。話說回來，放諸四海皆準的普遍正義，真的存在嗎？

康德的「正義」

全員同意才是最理想的行動原則

符合定言令式的規則就是正義！
必須親切對待有困難的人！
這是來自定言令氏的規則。

伊曼努爾・康德（1724～1804）
普魯士（德國）哲學家，為認識論掀起「哥白尼式革命」。主張蘋果本身並不具有「紅色」、「圓」的性質，而是人的知識具有「紅色」、「圓」的概念，看起來才會如此。

自己決定行動的規則

18世紀的歐洲正值「啟蒙※時代」，此時期的代表哲學家正是康德（Immanuel Kant）。

康德認為，自己的行動規則必須由自己決定，因此只要遵循大家都認為是最理想的規則來行動就好。這種大家都有共識的規則，康德稱為「定言令式」。只有無條件適用於所有人的規則，也就是符合「應該……」這種定言令式，才能實現正義。

來自假言令式的規則違反正義！
為了勝選而隨口承諾選民未來免繳稅，這就是假言令式的規則。

假言令式並非正義

相反地，只為了自己的利害和幸福而行動的規則，稱作「假言令式」。比方說，「想得到讚美的話，就要做好事」即是假言令式，即便行動本身正確，卻不能算是正義，因為行動的目的和動機缺乏人人適用的普遍性。

給崇拜正義英雄的人

要多用心，採取大家都期望的行動。

※　別受習慣和迷信蠱禍，要用自己的頭腦思考，做出理性的判斷。

羅爾斯的「正義」

思考不為己私的社會利益

無知之幕
人人都能做出較公正的判斷，找出有益於社會全體的正義規則。
大家都披上無知之幕，平等討論吧。

約翰・羅爾斯（1921～2002）
美國哲學家。1971年出版的《正義論》廣受迴響，以書中的差別原則為基本理念的肯定性行動，後來也應用於現實生活。

「無知之幕」的假想

羅爾斯假設一種「無知之幕」的狀態，以作為實現公平正義的前提。無知之幕是指處於全盤了解一般狀況，但是對自己的出身、家庭關係、社會地位與財產一無所知的狀態。

女性
身障人士
黑人

原則 1：人人應當平等享有自由，即使因此產生不平等也在所難免。

原則 2：採取肯定性行動（affirmative action），保障受到歧視的人們有受教育和就業的機會。羅爾斯對肯定性行動的定義影響深遠。

正義的兩個原則

羅爾斯從「無知之幕」的假設，導出兩條正義的原則。

第一條是在不侵犯他人的前提下，人人都能平等享有自由。

第二條則是最悲慘的人應當得到最大的利益。但是在完全相同的條件下，即使產生不平等的狀況，也是在所難免。

羅爾斯的《正義論》，正是嘗試從自由主義的角度，提出理論反駁總是輕忽公平，以功利為導向的美國保守主義思想。

企業的行動規範

不該只為了自己著想，要以社會全體的利益為第一考量。

桑德爾的「正義」

尋找超越社群的共同利益

擁有某些價值觀才稱得上是人，
不必特意披上什麼無知之幕。
我們大家都是社群的成員！

麥可・桑德爾（1953～）
美國哲學家。為社群主義（Communitarianism）的代表人物，強調群體互通的共同利益。著作《正義：一場思辨之旅》出版後旋即成為暢銷書。

人無法擺脫自身所處的社群價值觀

桑德爾（Michael J. Sandel）批判羅爾斯的「無知之幕」假設不符合現實，他重視人所成長的社群裡共有的價值觀，認為這是所有人都無法擺脫的絕對前提。

桑德爾指出，人無法否認自己此刻的思想，是受到家庭和出身影響形塑而成，無法假裝這些顯而易見的價值觀並不存在。

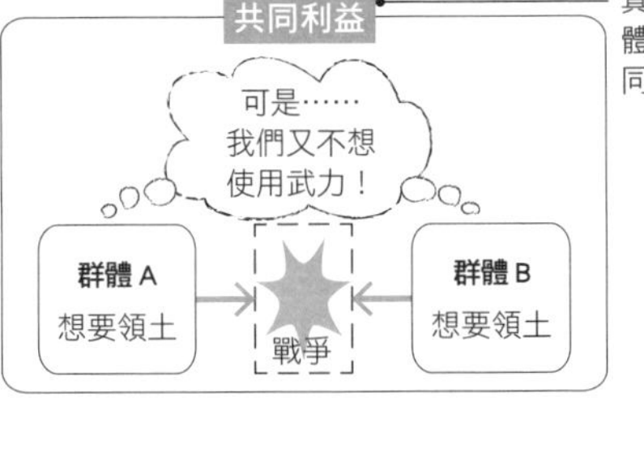
共同利益
真的有超越群體框架的「共同利益」嗎？
可是……
我們又不想
使用武力！
群體 A
想要領土
戰爭
群體 B
想要領土

普遍的正義並不存在

理所當然，價值觀會因社群而異；什麼樣的原則才是正義，並沒有一個大家都共通的價值觀。現代世界的實情是，各個群體不同的價值觀互相摩擦，最終以恐怖攻擊的形式爆發。

在這普遍正義並不存在的狀況下，如今我們卻依然在追尋可以超越地域框架的普遍價值觀（共同利益）。

如果你的意見和外國留學生相佐

那麼就找出大家一致認同的價值觀吧。

犧牲稱得上是一種美德嗎？

謝謝你！
合作（優先）
好！我就助你
一臂之力吧！
（之後要加倍還喔？）
要求回報
看似利他主義的行為，其實是利己主義！

有一種行為原則叫作「利己主義」。或許會有人覺得冠上「主義」二字未免過於誇大這種心態，但像是「我最可愛」這種彰顯自我的主張，任誰聽來都不至於覺得是過分誇大之詞吧？

與利己主義相反的概念是「利他主義」。所謂的利他，是指認定他人的優先順序排在自己之前。不過，這種心態未必就會犧牲自我。

俗話說「好心有好報」，這句話最原始的意思是「只要樂善好施，布施出去的好處就會輾轉回饋到自己身上」；可是後來卻衍生出短期內看似利他的好心行為，長期來看卻是利己行為的含義。反過來說，如果是真正的利己主義者，自然也會將目光放遠，同時考慮長期的回報，所以選擇在眼下階段做出某種程度的利他行為，如此看來一時的利他也是非常合理的利己行為。

讓我們延伸思考，乍看之下以他人為優先的利他主義，是否也可以算是一種利己的行為呢？

康德的「自我犧牲」

有目的的犧牲不算是道德

自我犧牲不能是「為了他人」的手段！

伊曼努爾・康德（1724～1804）
普魯士（德國）哲學家。參照79頁。

「為了他人」並不是道德

自我犧牲的終極型態，是為了他人犧牲自己的生命。

康德不認同以個人利害或幸福為目的行動具有道德性。如果將這個思維延伸下去，不管個人是當事人還是他人，「為了他人」這種冠冕堂皇的理由，都無法保證該行為的道德性。

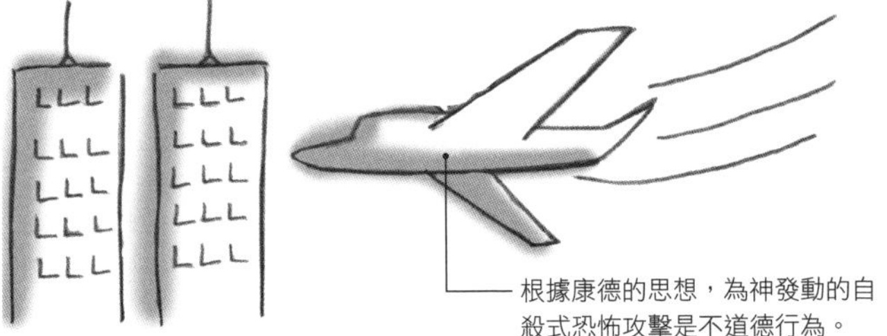

根據康德的思想，為神發動的自殺式恐怖攻擊是不道德行為。

自我犧牲未必是道德

當然，一般的自我犧牲行為並非完全沒有意義。但是，如果不考慮康德的論述，我們就沒有論據可以否定諸如恐怖攻擊的行徑。我們之所以無法容許為了信仰的群體而犧牲自我的自殺攻擊行為，正是基於這個道理。

給崇拜恐怖分子的人

不論目的是什麼，自殺攻擊都是一種錯誤的行為。

宮澤賢治的「自我犧牲」

應當一心一意為他人奉獻

自己是次要的。依靠佛力加持的行為稱作「他力」。
佛
透過冥想等修行，嘗試靠自己悟道的行為，稱作「自力」。
他力
自力

大乘佛教的「他力本願」

佛教針對悟道的討論主要有兩種立場，一種是自己修行悟道的「自力」，另一種則是依靠有悟性的存在來悟道的「他力」。前者是以佛陀（73頁）自身修行的過程為目標，又稱上座部佛教；後者則繼承將後半生奉獻給普渡眾生的佛陀精神，又稱大乘佛教。現在很多人一聽到「他力本願」這個詞，都以為是懶人給自己找的藉口，其實這並不是原始的含義。

喬凡尼看見為了「大家的幸福」而獻身燃燒的天蠍之火（Antares），從此了解自我犧牲的精神。
宮澤賢治

宮澤賢治（1896～1933）
日本詩人、童話作家。參考了故鄉岩手縣虛構而成一個理想國，並以此為舞台創作故事。其創作背景包含他的法華信仰和農民經歷。

以自我犧牲為創作主題

大乘佛教的代表經典之一《法華經》，強調一心一意為他人奉獻自我的「利他心」的重要性。將這部經典視為心靈支柱的作家宮澤賢治，也寫下許多以自我犧牲為主題的作品。

其中的代表作就是《銀河鐵道之夜》，故事裡的主角喬凡尼曾對朋友卡帕涅拉說：「只要能給每個人帶來幸福，就算要燃燒我的身軀數百次也在所不惜！」

給自我中心的人

為他人奉獻，才是生存的意義。

德蕾莎修女的「自我犧牲」

做你希望別人為你做的事

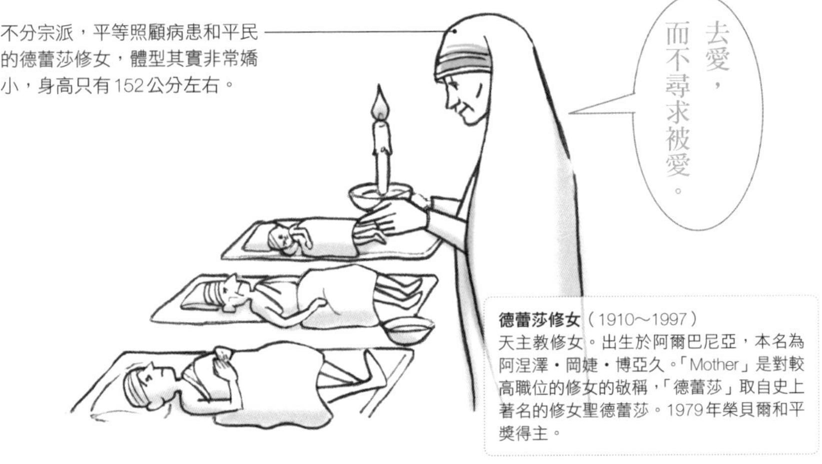
去愛，
而不尋求被愛。

不分宗派，平等照顧病患和平民的德蕾莎修女，體型其實非常嬌小，身高只有152公分左右。

德蕾莎修女（1910～1997）
天主教修女。出生於阿爾巴尼亞，本名為阿涅澤・岡婕・博亞久。「Mother」是對較高職位的修女的敬稱，「德蕾莎」取自史上著名的修女聖德蕾莎。1979年榮貝爾和平獎得主。

不問宗教宗派，平等救濟眾生

德蕾莎修女（Mother Teresa）畢生奉獻給社會最底層的貧民。她不因對方信仰的宗教或宗派，也不受限於地域，在印度加爾各答貧民窟的廢棄印度教寺院裡辛勤投入慈善活動。她的作為起初並沒有得到天主教會高層的認可，因為教會認定與貧民視線交會、互動的行為有損教品格。

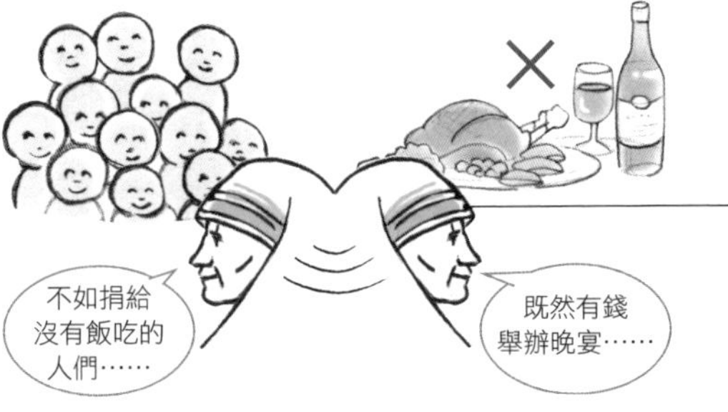
不如捐給
沒有飯吃的
人們……
既然有錢
舉辦晚宴……

德蕾莎修女榮獲諾貝爾和平獎時，謝絕出席晚宴，並要求捐出典禮的費用救濟加爾各答的貧民。

恕道論述的自我犧牲

「你希望別人為你做什麼，你就要為別人做什麼。」這是新約聖經裡記載的基督教基本原則。對忠於聖經的修女而言，畢生都奉獻給他人是理所當然的事。犧牲自己，對她來說才是教義最忠實的實踐。

呼籲大家參與志工活動

重要的是，立即為某些群體採取行動。

我們能夠基於正義而殺人嗎？

殺人
判處死刑

殺人犯雖然被判處死刑，但是因為犯人殺了人，我們就可以殺了他嗎？

日本有個電視節目，製作單位會安排小學生對大人提出單純的疑問。其中有一個經典的問題是「為什麼我們不能殺人？」當時節目錄製時，還特意將鏡頭鎖定一群答不出話、不知所措而面面相覷的成人。

當然，法律明定殺人是重罪，嚴禁殺人；只要違反法律殺了人，就必須接受法律的懲處。但是，法律卻沒有明確解釋為什麼殺人得要受罰。

無論是東方和西方國度，死刑制度往往也是受到法律規範的合法罰則。可是換個角度來看，國家也會積極殺人，作為實現正義的一環。

既然「殺人」這個行為有正當化的可能，那麼換個角度思考，豈不證實世上確實有一類人應該被殺嗎？如此一來又會衍生一個新的問題：難道人人不是生而平等嗎？我們劃分人類群體的準則既然是根據行為，這之間難道不存在著問題嗎？一道單純問題就是以這樣的形式，一而再、再而三地不斷衍生出新的問題。

康德的「殺人」

殺人者，人恆殺之

那我就是
黑格爾。（謊言）
我叫歌德。
（謊言）
如果說謊也無妨，
不管是誰說的話都
不能相信了。

伊曼努爾・康德（1724～1804）
普魯士（德國）哲學家。參照79頁。

假設大家都做出同樣的行為

康德認為，不論做什麼事，最重要的就是遵循大家都同意的理想規則來行動。「是否能夠普遍化」就是評價行動的基準。

比方說，「說謊」這個行為該如何評價呢？如果說謊是普遍的行為，結果會變成人人都說謊。這樣一來，我們根本無法相信任何人所說的話，最終連承諾和信賴都無法成立。

既然「殺人也無妨」，
自己也隨時會被殺掉。

人人都殺人的世界，自己也無法倖免

「殺人」要是變成普遍的行為，又會怎麼樣呢？假使我殺了某個人，便不難預想到矛頭最終會輾轉回到自己身上。只要這麼思考，顯然沒有人能夠容忍這種行為吧。

如果成為殺人案的陪審員

想像一下自己也有同樣遭遇，屆時會怎麼樣吧。

桑德爾的「殺人」

只要拯救多數，犧牲少數也在所難免？

你
犧牲 1 人
如果是你，會拉下操縱桿拯救 5 個人？還是選擇救 1 個人？
犧牲 5 人
大家都來好好思考正義吧！

麥可・桑德爾（1953～）
美國哲學家。參照81頁。

電車難題

這裡來介紹桑德爾最著名的功利主義思想實驗。

有一列失控的無人火車，正疾速行駛在鐵軌上，前方的軌道上有5名工人正在施工，而分岔的軌道上則有1名工人在施工。假設你是負責控制操縱桿的人，你會選擇救哪一邊？

功利主義主張實現「最大多數的最大幸福」，當然會認同應該犧牲1名工人。即便因此殺死無罪的某個人，但是這個選擇相對來說還是更具備道德性。

杜魯門

美國前總統杜魯門認為，為了拯救美國人，對日本投擲原子彈是別無他法的選擇。

為拯救多數人，難免需要犧牲少數

站在功利主義的角度，「不能殺人」這個命題也會因應狀況而動搖，因為為了拯救更多人，犧牲少數人在所難免。美國在二戰期間就是基於這個理論，正當化對日本投擲原子彈、東京大空襲的行動，大量殺死無辜的平民。

我是否該按下投擲核彈的按鈕？

思考一下，你對於犧牲少數拯救多數有什麼想法吧。

傅柯的「殺人」

站在權力的角度，殺人可以是控制或保護

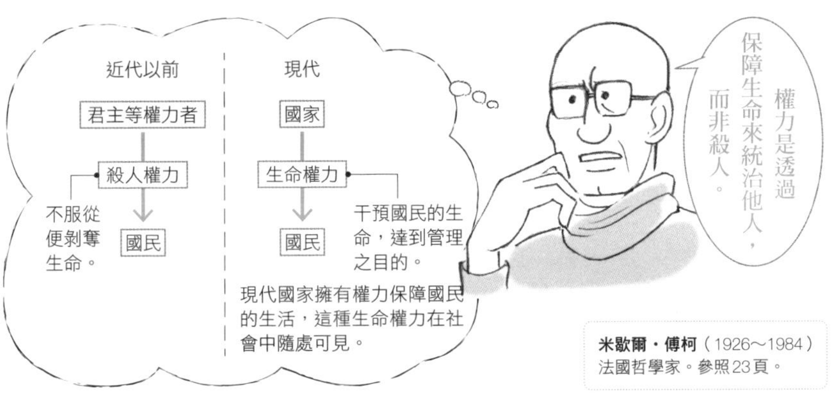
近代以前
君主等權力者
殺人權力
不服從便剝奪生命。
國民
現代
國家
生命權力
干預國民的生命，達到管理之目的。
國民
現代國家擁有權力保障國民的生活，這種生命權力在社會中隨處可見。
權力是透過保障生命來統治他人，而非殺人。

米歇爾・傅柯（1926～1984）
法國哲學家。參照23頁。

權力的趨勢並非殺人，而是保障生命

「權力」的定義是「擁有足以主宰周遭人事物的力量」，應該很多人會聯想到弱者被君主蠻橫虐待死去的場景吧。

但是根據傅柯的說法，這種場面是近代以前的事了。現代的權力已不再是殺人的權力，而是逐漸變成「生命權力」。

如果繳納稅金的國民沒有達到一定的數量，國家便無法營運，所以國家不能單方面壓榨國民，而是要適度保障他們的生活。不過，還是會出現像希特勒（Adolf Hitler）這樣為了保護國內繁榮、保障國民幸福，而不惜屠殺其他民族的生命權力。

生命權力的產生
老師
學生
生死都操之在手……
患者
醫師

有階級，就會伴隨生命權力

生命權力不單是指國家權力，學校、醫院、職場、家庭等存在階級地位差異的場合，就必定會產生生命權力。除了個人以外，社會制度也可能誕生生命權力。

給想立於眾人之上的人

要小心這個立場會產生權力。

戰爭的本質是什麼？

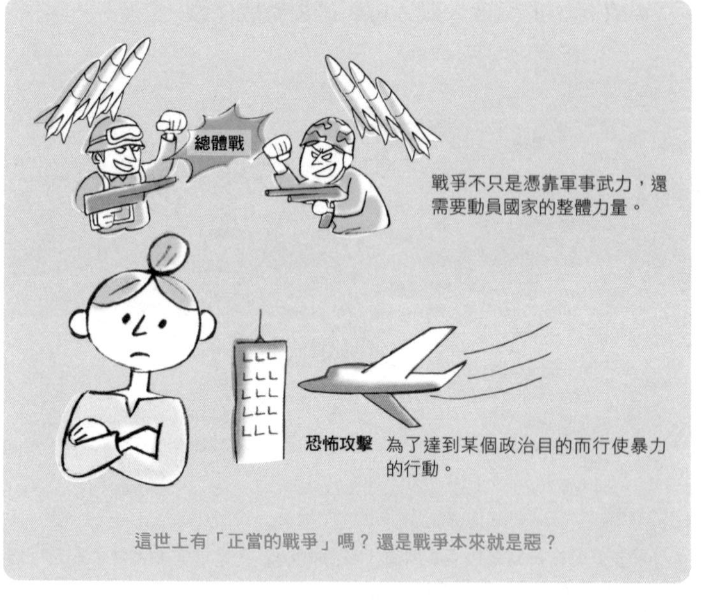
總體戰
戰爭不只是憑靠軍事武力，還需要動員國家的整體力量。
恐怖攻擊 為了達到某個政治目的而行使暴力的行動。

這世上有「正當的戰爭」嗎？還是戰爭本來就是惡？

與戰爭相對應的詞彙是和平。人類在整個二十世紀裡接連經歷了兩次世界大戰，在十九世紀以前，戰爭僅僅只是部分地域的區域性戰鬥，然而在二十世紀卻擴大為全面戰爭和總體戰。如今，遵守傳統騎士精神的「正當戰爭」的概念已然徹底消失，大家普遍認定所有的戰爭都是惡，和平才是善。

即使進入二十一世紀，世界各地仍頻頻發生局部的軍事衝突，這也意味著戰爭在二十一世紀已然轉變為恐怖攻擊的形式。當全世界盛行全球主義時，彷彿與之抗衡似地，各個地區的排外主義和民族運動也如火如荼地展開。不過這股趨勢之所以沒有爆發為全面戰爭，是因為大家對於上一個世紀以前的「正當戰爭」認知逐漸復甦的緣故。

以日本為例，日本在二戰敗北後，享受了七十年以上的和平時光，但是沒有人知道和平何時會一夕瓦解。

話說回來，戰爭是惡、和平是善的認知，真的就是正確無誤嗎？

康德的「戰爭」

雙方理應能夠互相妥協

想要自己獨處
想要交到好朋友
兩邊都是自己。

伊曼努爾・康德（1724～1804）
普魯士（德國）哲學家。參照79頁。

非社會的社會性屬性

康德主張人類是具有「非社會的社會性」的存在（非社會的社會性原則）。就好比我們內在會產生想與他人交流的心情，也會產生想要擺脱所有人的心情。在我們希望交到好朋友的同時，也會產生想比對方更加優越的矛盾衝動。

我們先談談吧！
STOP
先下手為強！

戰爭無法杜絕，關鍵是彼此妥協

康德認為這種非社會的社會性原則不只發生在個人身上，國家也同樣適用。每個國家都想與外國維持友好的關係，同時又希望能立於他國之上。以保衛國家和平為藉口而發動的戰爭也屢見不鮮。

換言之，這樣的原則根本無法杜絕。不過，康德認為國家也和個人一樣，應該可以互相尊重彼此非社會的社會性，妥協共存，也必須為之。康德為了實現這個理想而衍生的理論，就是現在聯合國的原型。

國家之間的糾紛

只要能展現一下非社會的社會性（極力避免牽扯）就好了。

克勞塞維茲的「戰爭」

戰爭是政治的一種手段

戰爭是政治的一部分！
克勞塞維茲因為敗給軍事天才拿破崙，立志研究鑽研，並建立戰爭理論。
拿破崙

卡爾・馮・克勞塞維茲（1780～1831）
拿破崙戰爭時期的普魯士將軍。在他死後於1832年發表的《戰爭論》，是後世評價非常高的軍事理論書籍。

戰爭的哲學

克勞塞維茲（Carl Philipp Gottfried von Clausewitz）的《戰爭論》，正如書中名言「戰爭不過是政治另一種形式的延續」所示，將戰爭定義為政治手段之一，在西方獲得極高的評價。

這本書寫於公民國家成立、總體戰逐漸成為常態的19世紀上半葉，書中超越老套的戰術論層次，開宗明義即從「戰爭是什麼」的本質開始進行論述，是一本堪稱「戰爭哲學」的著作。

戰爭最終就是決鬥。
A國
把領土交出來！
B國
別來侵略我國的領土！
去死！
殺！

戰爭的最終必須達到妥協

根據《戰爭論》，追根究柢，戰爭是敵對的兩方展開的一場決鬥。既然是決鬥，目的就是致對方於死地、非徹底殲滅敵軍不可。但是另一方面，戰爭也是政治的工具，政治協商即便在開戰後也從未間斷。

或者說，戰爭行動本身就是政治博弈的一個要素，是一場雙方最終只能妥協的行動。

給正在吵架的兩人

吵架就像戰爭，雙方必須妥協才行。

卡爾・施密特的「戰爭」

戰爭是對抗敵人的必要行為

政治就是……
區分敵我！
肯定自己的存在、
對抗敵人。
希特勒
猶太人
否定自己
的存在。
區分敵我是理所
當然的事。

卡爾・施密特（1888～1985）
德國政治學家。自1933年起確立納粹的思想中樞。透過著作《游擊隊理論：政治的概念附識》評價西班牙內戰，最後因讚美猶太人學者而於1936年失勢。

戰爭是對付敵人的必要行為

卡爾・施密特（Carl Schmitt）的學術成就之一，就是將克勞塞維茲對戰爭本質與政治關聯的研究，進一步推展為理論。

施密特在1932年出版的《政治的概念》裡，將政治的本質描述為「敵友之分」。這是將不同性質的他者存在視為敵、將肯定自己存在的人事物視為友方的思維，藉此制定政治概念的理論。

為了對抗否定自己存在的敵人，難免會有發動戰爭的必要。

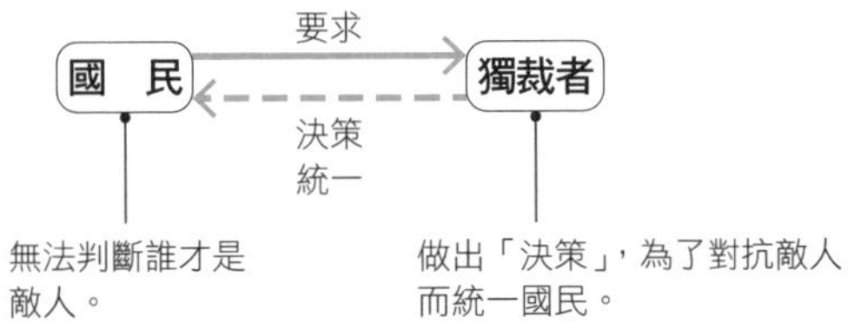
國　民
獨裁者
要求
決策
統一
無法判斷誰才是
敵人。
做出「決策」，為了對抗敵人
而統一國民。

人性的最根本是惡

施密特的理論根基，是奠定敵我之分作為政治本質，而這個基礎的前提就是「人性本惡」。既然人性是惡，那麼必定存在不會肯定自己、性質迥異的他者。

施密特還認為在優柔寡斷的政治局勢下，人民不得不寄望有個能做出「決策」的獨裁者領導。因此，他的政治理論才會成為納粹排斥猶太人的思想根據。

給猶豫不決的經營者

偶爾也需要做出一點獨裁者的作風。

我們非得遵守法律嗎？

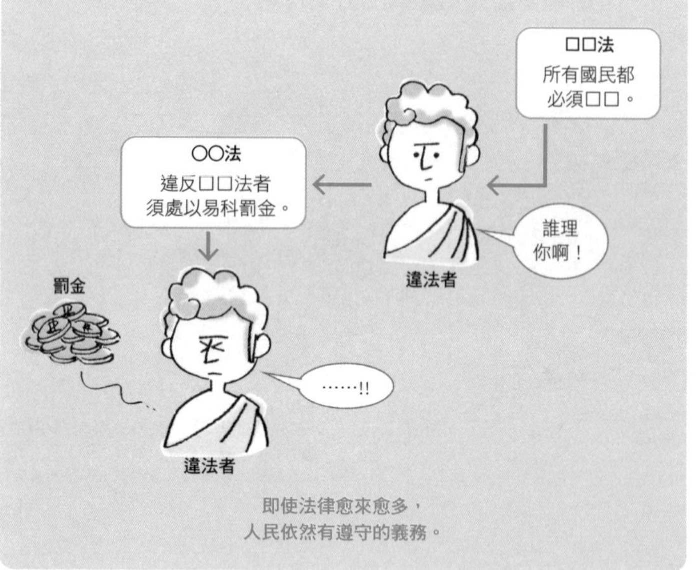
□□法
所有國民都
必須□□。
〇〇法
違反□□法者
須處以易科罰金。
誰理
你啊！
違法者
罰金
……!!
違法者
即使法律愈來愈多，
人民依然有遵守的義務。

只要我們生活在團體之中，就需要建立一個人人遵守、維持團體秩序的規則。當然群體中必定少不了不想被這種規範束縛的成員，但若是放任這種人不守規則，團體的規則也就會失去強制力與效用。為了避免發生秩序崩解的最壞狀況，團隊也會隨之追加制定新規則，進一步處罰明知故犯的違法者。

法律就如同這種規則，至今仍持續不斷增加。

不過，質疑守法的正當性，這種想法可以說是不太合乎常情。畢竟，法律是無論如何都必須遵守的規範，俗話說「法律之前，人人平等」。既然每一個人都平等，那麼不論是嚴酷苛刻的惡法、還是講求公正的法律，都（應該）符合正義才是。

「為什麼不可以殺人」這個問題的道理很簡單，那就是萬一不小心殺了人，也難保自己不會有同樣的遭遇；但是「為什麼非遵守法律不可」這個問題，有時候也只能說法律就是這麼一回事。

柏拉圖的「法律」

法律可規範人學習德行

這是為了成為有德之人啊。
農業
財產
體制
立法
教育
建築
神學
軍事
家庭
刑罰
法律
根據理想國家需要的所有制度，制訂法律。
該制訂什麼樣的法律，
才能實現理想國家馬格尼西亞呢？

柏拉圖（前427～前347）
古希臘哲學家。參照25頁。

柏拉圖最長篇著作《法律篇》

柏拉圖在晚年寫下的《法律篇》，是他的著作中篇幅最長的一本。

書中以克里特島為背景，描述克諾索斯人、古雅典人、斯巴達人這三地居民的談話。這本對話錄※設定一個建造新殖民城市（虛構的理想國家馬格尼西亞）的計畫，三人一起思考該如何訂立建國必須的各種制度。

多虧了法律，
我才能成為一個
真正的人。
人民
德
重視美德的法律，可以讓人民培養出德行。

制訂法律，前提是須具備「德」

新國家的法律制度，借鑒當時希臘的兩大勢力——斯巴達和雅典現行法規中最好的部分。值得一提的是，書中特別注重「美德」作為立法的根據。規範人民成為善人，是國家和政治的職責，而其中不可或缺的後盾就是法律。

但是，遵守法律的人，真的可以算是衷心向善的人嗎？

給思考校規的學生

應當制訂可以增加「善人」的規則。

※　對話錄是以對話體裁寫成的哲學著作。

班雅明的「法律」

沒有理由遵守缺乏權威之下的法律

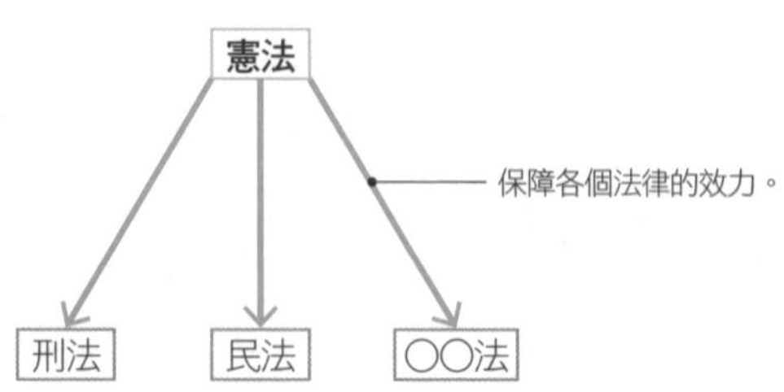

憲法
保障各個法律的效力。
刑法
民法
〇〇法

憲法與法律的關係

大多數的國家、社會與部族，都會有不成文的法律。從近代國家的角度來看，國家的框架是由憲法訂定，接著承襲憲法陸續制訂民法、刑法這些個別領域的法律。因此，憲法的主要作用就是保障個別層級的法律效力。話說回來，憲法的合理性又是根據什麼權威來擔保呢？

?
擔保合理性
憲法
法
法律強制力的起源
究竟在哪裡？
這是以神之名保障法律的效力。

華特・班雅明（1892～1940）
德國哲學家，法蘭克福學派[※1]的代表。由於猶太人身分，試圖在納粹政權下流亡美國，最後未遂而自殺。著有《德國悲劇的起源》、《拱廊街計畫》等書。

神話暴力促使法律成立

班雅明（Walter Benjamin）指出，其實這種權威根本不存在。當我們追溯法律強制力的起源，最後只會找到毫無根據的假定[※2]意志。不論窮究哪一種法律的源頭，都會發現它缺乏權威性，於是班雅明以「神話暴力」來指稱這個現象。

「神話」一詞是形容法律內涵從古流傳至今，「暴力」則是表達它毫無根據的強制力。

如果要討論法律的話題

追本溯源，就會發現所有法律都缺乏決定性的權威。

※1　以法蘭克福大學的社會研究所為據點，由研究馬克思主義的社會科學學者、哲學家等人組成的派系。
※2　以「S為P」的命題，明確肯定事物的存在、清楚闡述其內容的作法。

德希達的「法律」

法律的根據無從確定

我們無法肯定，也無法否定法律根源的暴力。
憲法起草於美國獨立戰爭期間。

雅克・德希達（1930～2004）
法國哲學家。注重書寫（écriture）的優越性，以解構主義（déconstruction）※3、延異※4等關鍵字聞名的後結構主義代表人物。

美國獨立宣言

班雅明指出所有的法律都缺乏根據，於是法國哲學家德希達（Jacques Derrida）便引用他的論點，具體研究美國獨立宣言。美國獨立宣言相當於國家根基的憲法，而起草這份宣言的人是「開國元勛」湯瑪斯・傑佛遜。他本來只是大陸會議※5的成員之一，基於委託才接下這份任務。

美國獨立宣言
「各殖民地的善良人民」
根據獨立宣言公布後，才確定了人民的存在。

誰才是「各殖民地的善良人民」？

美國獨立宣言寫道「以各殖民地善良人民的名義並經他們授權，我們極為莊嚴地宣布……」，但是這裡的「各殖民地善良人民」，實際上是在宣言公布以後才確定，這群人民在宣言起草的階段只不過是一個假想的存在。

美國獨立宣言只能先假設有這樣的存在，才能得到立法的根據。因此，德希達並不是要聲稱這份宣言沒有效力，而是質疑法律可能原本就是沒有確定根據的東西。

如果要爭論法律的根據

法律原本就是事後諸葛、由來無法確定的東西。

※3　嘗試依據評論，脫離傳統哲學裡文字與聲音、靈魂與肉體這種二元對立的觀點。
※4　將法語中意指差異的「differánce」一詞加上拖延、延宕的意義，進而發明的新詞彙。
※5　由組成美利堅合眾國的創始13州代表舉行的會議。

column

戰爭與哲學

這裡最後來介紹一位受到戰爭波及的哲學家吧。他就是立陶宛籍（後來歸化入法國籍）的猶太裔哲學家伊曼紐爾・列維納斯（Emmanuel Lévinas，1906～1995）。列維納斯年輕時曾留學德國，師從現象學的創始人胡塞爾（18頁），不過他反而更加感佩在當地認識的海德格（41頁）。

第二次世界大戰爆發後，列維納斯投身法軍，結果卻成為德軍的俘虜。儘管他在集中營裡苟延殘喘倖存下來，但是直到戰後返回故國後才發現，故鄉的猶太親人同胞全都遭到納粹逮捕、送入毒氣室。這教他該如何背負這分倖存的內疚，而且又該如何填補內心的空虛呢？列維納斯在戰後的思考，就是從此刻開始出發。

列維納斯對此提出的哲學概念，就是「il y a」。這個詞在法語是意指「存在」的慣用語。「存在」一詞，多半會令人聯想到海德格的著作《存在與時間》。德語中相當於「il y a」的詞彙是「es gibt」，直譯的意思就是「它（es）給予（gibt）」。所以德語中的「存在」，其實也暗指了人類被賜予的容身之處和恩惠。

不過，列維納斯的「il y a」並未包含如此樂觀正向的意義，他強調的是逐漸填滿內心、不留下任何空虛的「存在」有多麼令人窒息。列維納斯在戰爭中所有同胞慘遭屠戮、空無一人的故鄉※所感受到的空虛，最後會因為「存在」逐漸擴張而填滿，並且「存在」會隨著時間的流逝而占據大部分的內心，讓人連回憶自己曾經失去的東西都做不到。該如何面對「il y a」這種不由分說展現的暴力，就是列維納斯在戰後思考的哲學命題。

故鄉考納斯化作成堆的瓦礫。
列維納斯得知親屬都送進毒氣室後，驚愕不已。
時光飛逝……
故鄉重建後大樓林立。
「存在」會增殖，讓人再也無法回想起失去的東西。
列維納斯

※ 列維納斯的故鄉考納斯，如今已是立陶宛第二大城。這座城市也作為猶太人逃亡出境的據點而聞名，日本代理領事杉原千畝就是在這裡為數千名猶太人發放前往日本的過境簽證。

5章

思考社會與世界

透過世界現狀、人類演進、歷史探究等各方面的考察，進而思考世界的真理，或許你能從中慢慢找到今後面對這個社會與世界的處世之道。

金錢的本質

唔唔……
請跟我
交換兔肉。
這是在玩
什麼東西？
虛擬貨幣
交易所
貨幣
虛擬貨幣
店鋪
商品、
服務

金錢就是一切事物的媒介，符號化後就成了虛擬貨幣。
網路交易虛擬貨幣無異於透過網路進行數字遊戲。

我們生存在一個由資本主義主宰的世界裡，這個經濟體制是由物品的製造、交換與流通、分配所構成。在這個過程中，是由金錢負責擔任所有行為的媒介。當我們放眼全世界，教育、醫療，乃至公共服務都逐漸商品化，甚至達到有錢就能夠買到一切的地步。不過，金錢原本就只是一種交易媒介物，本身並沒有價值。

將作為媒介的金錢概念徹底符號化的，就是近年來在各個領域都蔚為話題的虛擬貨幣。不過，實際上虛擬貨幣連作為媒介的價值都沒有；換言之，作為媒介的金錢根本就不曾流動，當我們在網路上交易虛擬貨幣時，其實只是透過網路進行的數字遊戲。

先進國家並不會寄望於現實世界未來的經濟成長，因為就已開發國家的經濟基礎來看，已然不可能供應內需而快速成長，這是人人都明白的道理。姑且先不論好壞，內需市場成長有限的環境，恰好是虛擬貨幣作為一種語言遊戲而得以成立的根基。

亞當・斯密的「金錢」

以物易物不能全盤通用

我想要肉，你想要麵包，
那我們來交換吧。
交易成立！
可是「雙方欲求巧合」
非常罕見……

亞當・斯密（1723～1790）
英國經濟學家。其著作《國富論》是評價相當高的經濟學書籍的濫觴，但也有人批判他的論述只是改寫休謨（David Hume）和孟德斯鳩（Montesquieu）等人的啟蒙思想。

金錢是交換欲望的媒介

亞當・斯密（Adam Smith）在工業革命發展、資本主義逐漸確立的英國，集中研究金錢的存在意義。在金錢尚未流通的社會裡，基本的交易方式就是以物易物。打個比方，在麵包店老闆想要肉的時候，並不會偶然剛好碰上想要麵包的肉店老闆（「雙方欲求巧合」）。這時，如果有金錢這樣的媒介就會方便多了，兩方隨時都可以滿足自己的欲求。

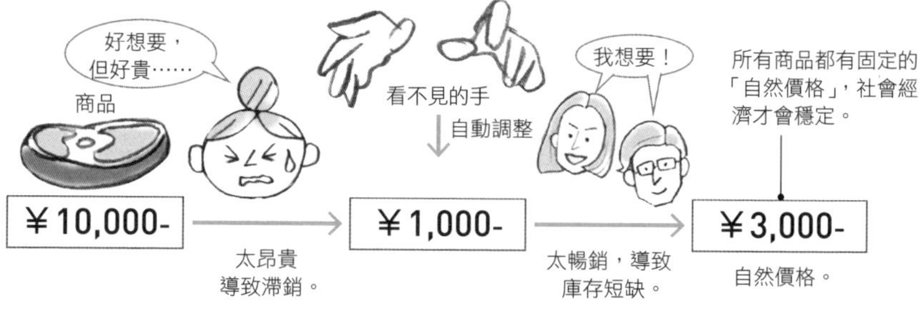
好想要，
但好貴……
商品
看不見的手
自動調整
我想要！
所有商品都有固定的「自然價格」，社會經濟才會穩定。
¥10,000-
¥1,000-
¥3,000-
太昂貴
導致滯銷。
太暢銷，導致
庫存短缺。
自然價格。

看不見的手

如果金錢可以調控欲望湧現的時刻，那麼當我們看見貴翻天或品質粗劣的商品時，就能判斷「還是再等一陣子吧」。沒有人購買的商品，自然就會從市場上淘汰。

在如此心理機制運作下的結果，所有的商品都會產生一個固定的「自然價格」。亞當・斯密將這種可達到社會全體理想中的穩定經濟狀態結構，稱為「看不見的手」。

給想要推銷日用品的人

雖然價位可以由你自己決定，但最終還是會回歸市場價格。

馬克思的「金錢」

金錢是商品交換的媒介

（貓）
（獅子）
動物
（什麼東西？）
錢就類似許多動物當中的一種「動物」。

卡爾・馬克思（1818～1883）
普魯士（德國）出身的經濟學家（1845年以後成為無國籍人士）。其著作《資本論》與馬克思經濟學撼動了20世紀的社會，不僅預言資本主義的發展與崩潰，更宣告世界將會迎來共產主義社會。

貨幣是可以交換的特殊商品

其實，金錢也是一種商品。但是在商品界裡的金錢，就等同於動物界中的獅子、老虎這些現實「動物」，能夠四處橫行。金錢是可以交換任何物品、可稱之為「一般等價物」的特殊商品。

萬能的錢啊～

人類經常把金錢當成神一樣崇拜。

貨幣的崇拜（拜物教）

然而，我們卻經常誤以為金錢本身具有價值，沒有認清它只是個交換商品的媒介，而只為了存錢而鬼迷心竅的人也不在少數。馬克思（Karl Marx）將這種掉入儲蓄陷阱的活動稱作拜物教（fetishism），意指金錢本來只是用來購買商品的媒體，但卻將它奉為具有特別價值並加以崇拜的本末倒置現象。

給熱衷於存錢的人

別忘了金錢本身並沒有價值喔。

齊美爾的「金錢」

金錢不只是物質交換，也能協調人際的交換關係

他者與自己的媒介就是金錢。
婚姻也是由嫁妝等金錢連結而成。

格奧爾格・齊美爾（1858～1918）
德國社會學家。認為社會的基礎在於人心，標榜對抗黑格爾主知主義※的「生命哲學」，研究政治、經濟、美學等各種領域的相互作用。

金錢是他者與自己的媒體

齊美爾（Georg Simmel）在《貨幣哲學》中，主張金錢能在社會生活中發揮特別的作用，並從各方面分析其功能。金錢不只存在於買賣這種物質關係，結婚和離婚這類人際關係，也需要金錢作為媒介才能成立，這就是現代社會的金錢觀。

人已經無法把金錢單純視為金錢了。

關鍵是金錢於生活的意義

齊美爾認為，金錢既然能作為一種物質、一種材質，發揮某些經濟功能，那麼重點應該是貨幣在人類生活裡代表的意義。齊美爾認為金錢的問題在於，馬克思稱為拜物教的景況早已滲透社會並根深蒂固。

給煩惱老公薪水太低的主婦

好好思考一下錢在生活裡代表的意義吧。

※　一般來說，主知主義是主張所有存在都可以還原成由觀念、真理這些能夠在知性上認識的要素。

思考社會與世界

為什麼會有這個世界？

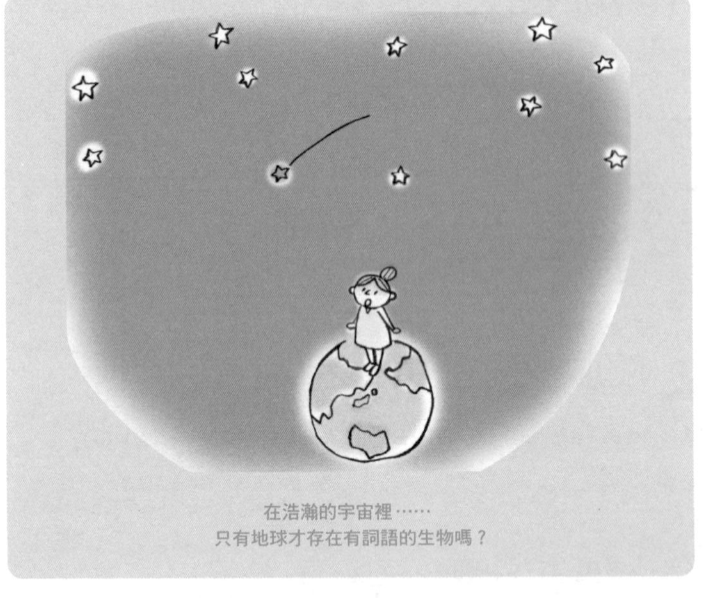

在浩瀚的宇宙裡……
只有地球才存在有詞語的生物嗎？

當我們仰望夜空，可以看見天上有繁星閃耀。宇宙有這麼多星球，要是在某一處也有個類似於地球，一樣有智慧生物存在並活躍的星球，那該有多好。只是如今已經沒有人這麼說了。

根據研究計算指出，與地球氣候環境全然一致的星球，在外太空的存在機率僅僅只有一千兆分之一。相較之下，銀河裡的星球數量大約有一千億個，也就是說，地球的存在本身或許只是幾乎不會發生的偶然產物。

一場大爆炸孕育出宇宙、創造星球，成為生命的起源，科學正在向我們展現這一連串驚人的推測。

不過，科學儘管向我們展示了壯闊宇宙的誕生歷史，我們卻很難直接且立即地體認自己此時此刻所存在的這個世界。或許在我們死後，地球依然運轉、世界依然延續，但那個世界與我們現在所體會到的真實世界，兩者之間應該沒有什麼關係吧。

話說回來，這個世界是什麼、又是為什麼存在呢？

耶穌基督的「世界」

世界是神從無之中創造出來

世界是從無中創造

一神論強調我們這個世界的一切都是由「唯一的神」從無創造。一神論是從猶太教分支的基督教，以及更進一步衍生的伊斯蘭教共通的思想。

即使如此，為什麼神要創造世界呢？全知全能的神不可能有所欠缺，所以祂沒有創造世界的必要和動機。儘管如此，神還是創造了我們居住的這個世界，這是為什麼？

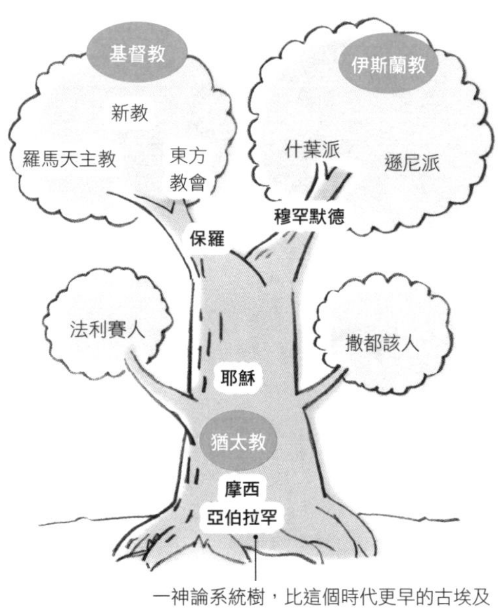

基督教
新教
羅馬天主教
東方教會
伊斯蘭教
什葉派
遜尼派
穆罕默德
保羅
法利賽人
撒都該人
耶穌
猶太教
摩西
亞伯拉罕

一神論系統樹，比這個時代更早的古埃及也有一神論。

耶穌基督（前4～後30）
基督教的信仰對象。參照57頁。

第1天	第2天	第3天	第4天	第5天	第6天	第7天
創造晝與夜	分離水與大氣	創造陸地和植物	創造日月星辰	創造海洋和天空的生物	創造陸地生物與人類	神休身安息

萬物是因神的愛而得以存

猶太教將世界的創造稱作「神的退出」（Tzimtzum），也就是說，神主動退出而空出位置，作為我們被造物（30頁）生存的場域。如果要問理由，那就是因為愛。神對人類的「無私之愛」，就是耶穌基督實踐的神學概念「愛」（agape）的原型。

如果有人問你世界是什麼

就回答是「神的愛」創造出來的吧。

萊布尼茲的「世界」

這是神選中的最好的世界

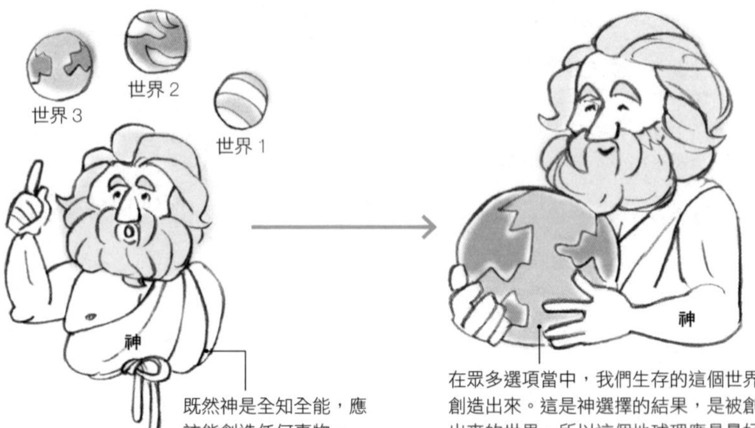
世界 3
世界 2
世界 1
神
既然神是全知全能，應該能創造任何事物。
神
在眾多選項當中，我們生存的這個世界被創造出來。這是神選擇的結果，是被創造出來的世界，所以這個地球理應是最好的世界！

這個地球是神所選擇、最好的可能世界

萊布尼茲（Gottfried Wilhelm Leibniz）將事物存在的方式，分為可能性（可能有）、現實性（現在有）和必然性（只能有）。

如果將這個區別套用於世界的存在，應該會有無數個其他的世界。然而實際上卻僅僅只有這一個世界。既然如此，這個世界難道不是必然存在的唯一世界嗎？所以萊布尼茲主張「這個世界是眾多可能有的世界當中，神選擇實現的最好的一個」。

哥特佛萊德・威廉・萊布尼茲
（1646～1716）
德國哲學家、數學家。與笛卡爾、斯賓諾莎同為歐陸理性主義的代表。代表著作有《單子論》、《形上學論》、《人類理智新論》等書。

這個世界
是神的預定和諧。

不和諧的人災與天災

萊布尼茲的主張在當時招致各種批判的聲浪。其中最具代表性的，就是啟蒙思想家伏爾泰（Voltaire，1694～1778）在里斯本大地震後寫的一首詩〈里斯本的災難〉，諷刺偶然的自然災害奪走大量無辜人民的性命，這也是出於神的旨意。

對此，萊布尼茲則是提出音樂理論的不和諧音來反駁，認為從人類角度看來是不幸的事件，從神遠大的觀點來看卻是意義非凡。

要是發生什麼難過的事

這是神選中的最好的世界，所以凡事必定有其意義。

魏克斯庫爾的「世界」

有多少生物，就有多少世界

溫度
顏色
光
聲音
氣味
觸感
生物
以知覺為基礎建構世界。
各個世界
所有生物都會透過知覺，建立自己的「環境界」。

雅各・馮・魏克斯庫爾（1864～1944）
德國生物學家。提出「環境界」理論，主張動物知覺的世界即是該動物所處的環境。思想深受卡西勒（Ernst Cassirer）、舍勒（Max Scheler）等哲學家的讚譽。

「世界」會因生物而異

德國生物學家魏克斯庫爾（Jakob von Uexküll）提出「環境界」的概念，主張所有生物都住在與該物種具備的感官相應的世界裡，只要生物的能力不同，彼此就活在不同的環境裡。生物依循自己的感官開創的世界，就是「環境界」。

狗的環境界是一片模糊（據說狗的視力約只有0.2～0.3左右），但卻充滿了豐富的聲音以及氣味。

狗的「環境界」是什麼樣子？

比方說，狗的嗅覺遠遠凌駕於人類之上，在聽覺方面，也能接收到人類無法聽見的超音波；但是在視覺方面，狗卻不像人類一樣能夠看見色彩繽紛的世界。根據魏克斯庫爾的說法，狗的「環境界」比起人類的環境界，色彩貧乏許多，但卻充滿更多樣化的聲音和氣味。

給討厭動物的人

別忘了有多少生物，就有多少個世界。

人類正在進步嗎？

「冷社會」＝未開化但穩定
CEO
「熱社會」＝便利性十足但不穩定

李維史陀並不認為階級社會比未開化的社會還要進步。

文化人類學家李維史陀（Claude Lévi-Strauss）※曾經提出「冷社會」和「熱社會」的對比。「冷社會」就是所謂未開化的原始社會，特徵是許多生活條件仍然非常接近原始人的樣貌。「熱社會」則大約相當於我們所處的現代社會，特徵是階級持續分化、不斷孕育出全新的文化。

不過，上述兩種社會都只是一種理念型態，現實中並沒有這樣的社會。不僅如此，李維史陀還強調這個說法並不是為了比較哪一種社會更「進步」，也不是要區分原始與文明的優劣。我們總是以為進步的那一方比較厲害，但是，未開化社會最大的優點就是生活型態穩定；相較之下，我們的科技社會不斷追求變化，可以說是時時刻刻都處於非常不穩定的狀態之中。

話說回來，怎麼樣才算是進步呢？無論如何進步都必然是好事嗎？

※　克勞德・李維史陀（1908～2009），法國社會人類學家、民族學家。一般被視為結構主義的創始人。

一神論的「進步」

凡間的人類永不進步

神
亞當
夏娃
神將人從樂園放逐到地上世界。
吃了禁果的人類，下場只有墮落一途。

人類自最初便墮落

《舊約聖經》寫道，神在開創天地後，又創造最初的人類亞當和夏娃，與他們一同生活在伊甸園裡。然而，人類卻打破與神的約定，吃下了知識善惡樹的禁果（原罪）。憤怒的神便將他們逐出樂園，於是人類開始在地上的凡間寫下歷史。從此以後，人類隨著數量的增加而逐漸墮落，只能走向退步一途。這就是聖經告訴我們的事。

地上的凡間既艱辛又痛苦。

神同時創造了進化

人類踏上的放逐過程，終點就是「最後的審判」。屆時，一切歷史都會劃下休止符，只有在審判中得到救贖的人可以獲准上天堂。一神論（包含猶太教、基督教、伊斯蘭教）的世界裡，沒有「進步」的概念；或許也可以說，我們以為的「進化」都在神的預期之中。無論如何，地上的凡間比天堂更短暫脆弱，充滿了罪惡。

給感嘆現實生活太煎熬的人

神也創造了進化，所以千萬別放棄。

康德的「進步」

通過啟蒙始能進步

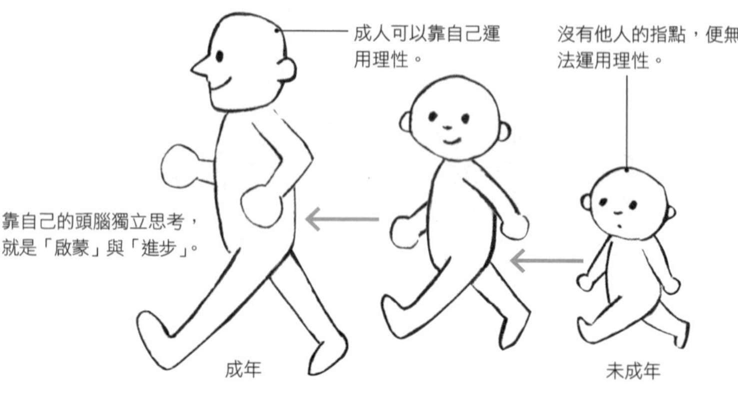
成人可以靠自己運
用理性。
沒有他人的指點，便無
法運用理性。
靠自己的頭腦獨立思考，
就是「啟蒙」與「進步」。
成年
未成年

人性逐步邁向完成，才是進步

如前文所述，康德生存的18世紀有「啟蒙時代」之稱。當時以科學為首，各領域學問大幅進步、人民生活改善，得以開始建立更好的社會。為了實現這個目標，必須訓練獨立思考的能力，不能全盤接收迷信之言。康德主張這個過程就是啟蒙，人透過啟蒙脫離未成年狀態，進而成年，這就是「進步」。

要自己選擇、
自己衡量！
基督教秉持退
步史觀，這種
人生觀已經過
時了！

伊曼努爾・康德（1724～1804）
普魯士（德國）哲學家。參照79頁。

脫離宗教的懷抱才能進步

「啟蒙時代」同時也是揮別過去以基督教為中心的時代。以啟蒙帶來的階段性發展為基礎、理想主義式的「進步史觀」掘起，取代了基督教的「退步史觀」。繼康德之後的黑格爾，將奠基於進步史觀的歷史定調為「人類獲得精神自由的過程」。

給感受不到自我成長的人

重要的是訓練自己獨立思考。

阿多諾的「進步」

進步有其極限，進步會孕育出野蠻

進步就是野蠻！
二戰發生納粹屠殺猶太人的慘劇。

狄奧多・阿多諾（1903～1969）
德國哲學家。法蘭克福學派的一員，嘗試融合馬克思主義、黑格爾辯證法與佛洛伊德的精神分析論。代表作有與霍克海默（Max Horkheimer）合著的《啟蒙辯證法》。

進步會使人野蠻

德國哲學家阿多諾（Theodor W. Adorno）主張，啟蒙持續推進、文明愈來愈進步，最終會導致人類回歸野蠻的本性。他的思想背景，來自於對第二次世界大戰時納粹屠殺猶太人的反思。

阿多諾認為，隨著啟蒙的進展，理性也得以充分發揮，照理說進步可以永無止盡，但事實上並非如此。以啟蒙為根基的理性的進步仍有其極限。

行禮！
理性成了達成目標的工具，用以統率人民。
理性最終會蘊釀出極權主義。
獨裁者

理性會催生極權主義的惡果

依照阿多諾的說法，理性在征服「外在自然※1」以後，就會轉而征服人類的「內在自然※2」。屆時理性將成為人類用來征服人類的工具。如此一來，人類就會降格成相當於物質程度的管理與控制對象。阿多諾判斷，在這種理性的結局中，會催生出全面一致化、極權主義等暴力現象。

給驕傲自負的人

進步並非永無止盡，要小心理性的運用。

※1　外在自然，是指人類身外環境的世界。
※2　內在自然，是指人類內部本性的自然。

人類的歷史與未來

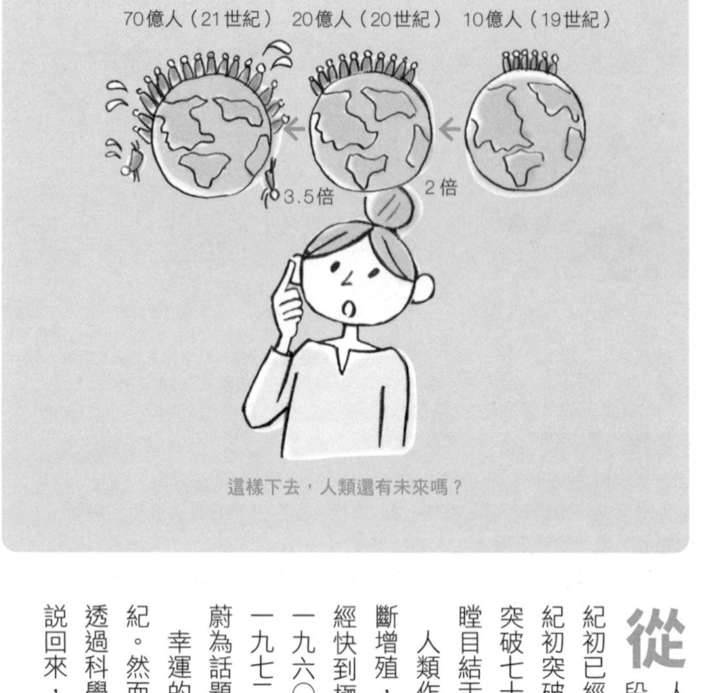
70億人（21世紀）
20億人（20世紀）
10億人（19世紀）
3.5倍
2倍
這樣下去，人類還有未來嗎？

從人口的推移來看人類的歷史，會發現變化最顯著的階段可追溯至十八世紀的工業革命。世界人口在十九世紀初已經達到十億人左右，之後更是以倍數增長，在二十世紀初突破二十億，二十世紀末更來到六十億，而十年後剛好突破七十億。這樣看來，近一百年來的人口成長率格外令人瞠目結舌。

人類作為地球萬千生物的其中一員，卻在地表上迅速且不斷增殖，加速了對自然環境的破壞。而人口成長的速度，已經快到極有可能導致地球資源面臨枯竭的程度，於是，在一九六〇年代設立的全球智囊組織「羅馬俱樂部」，曾經於一九七二年預測人類的未來將無法撐到二十一世紀，在當時蔚為話題。

幸運的是，這個預言失準了，人類歷史成功邁入二十一世紀。然而人類史面臨的空前危機，卻仍未有任何轉圜餘地。透過科學預測的人類未來總是難以逃離悲慘的命運，不過話說回來，哲學家又是如何思考人類的歷史呢？

黑格爾的「歷史」

自由意識發展的過程

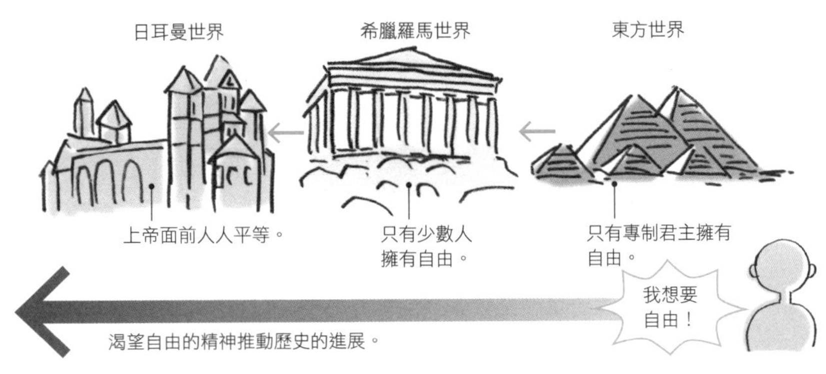
日耳曼世界
希臘羅馬世界
東方世界
上帝面前人人平等。
只有少數人擁有自由。
只有專制君主擁有自由。
我想要自由！
渴望自由的精神推動歷史的進展。

歷史就是「自由意識」的進步

在哲學領域中，正式將歷史視為思考主題的人，正是普魯士的黑格爾。他在研究世界史的時候，將重點放在「自由意識」的進步。根據黑格爾的想法，自由就在他者手中，同時也在自己手中。

拿破崙在法國大革命發起政變，破壞傳統的封建制度，逐漸走向獨裁體制，最終因為遠征俄羅斯失敗而垮台。
拿破崙
俾斯麥
在立憲君主制的國家普魯士實現了自由，完成歷史。

格奧爾格・威廉・弗里德里希・黑格爾
（1770～1831）
以自己的精神（自我）為中心思考事物，為德國觀念論的集大成者。嘗試將自我拓展到國家和歷史，大幅影響了馬克思。

歷史在普魯士徹底完成？

「自由意識」的實現，從法國大革命以後正式推進，但因為人們心中仍殘存傳統天主教的價值觀，所以未能達到全面實現的程度。而黑格爾主張，新教國家普魯士※應當繼承這個成果，實現自由意識。但黑格爾的史觀仍有個決定性的極限，那就是依然受到西洋傳統的框架所侷限。

給討厭讀歷史的人

從先人追求自由的史觀來學歷史，會覺得歷史很有趣喔。

※　1701年成立的王國，領土曾涵蓋現今德國北部到波蘭西部一帶。

馬克思的「歷史」

從生產方式變化來看人類史

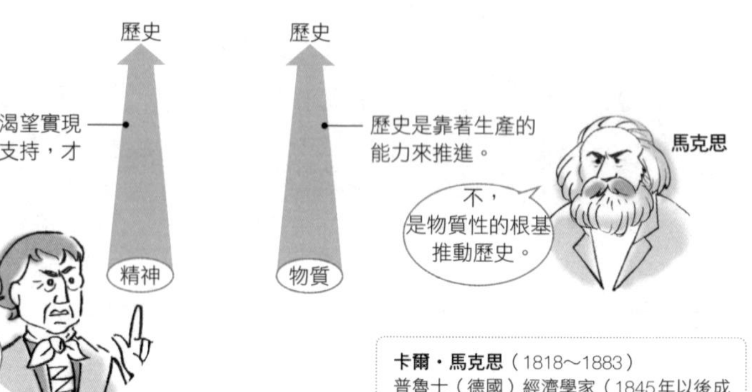

歷史
歷史
歷史是受到渴望實現
自由的精神支持，才
得以推進。
歷史是靠著生產的
能力來推進。
馬克思
不，
是物質性的根基
推動歷史。
黑格爾
精神
物質
是精神
推動歷史。

卡爾・馬克思（1818～1883）
普魯士（德國）經濟學家（1845年以後成為無國籍人士）。參照102頁。

精神與物質本末倒置

馬克思批判黑格爾的歷史思想（113頁）是本末倒置。馬克思認為不管是意識也好、精神也好、文化也好，全人類的行為都需要由「物質性的根基」來支持。馬克思的唯物論（共產主義）就是從這裡開始推展。他認為黑格爾思想的謬誤，就在於重視意識和精神，而忽略了物質。

人人平等！馬克思認為共產主
義才是歷史的完成。

人類歷史的終點為共產主義

馬克思從生產方式變化的觀點，刷新了黑格爾的歷史架構。根據他的說法，生產方式導致人類歷史區分成原始共同社會、古代奴隸社會、中世封建社會、近代資本主義社會、共產主義社會共5個階段。

馬克思認為現代正處於資本主義的社會，但這個體制蘊藏了決定性的缺陷，也就是資本家與勞工的矛盾，因此未來社會只能轉換成共產主義社會。

給具專業精神的人

做出足以改變歷史的東西吧。

卡西勒的「歷史」

歷史中沒有客觀的真理

古埃及墓碑上雕刻的聖書體
寫在莎草紙上的死者之書
古埃及的符號
基督教的符號
佛教的符號
歷史只是符號的記述。

恩斯特・卡西勒（1874～1945）
德國哲學家。認為相對於動物以本能理解世界，人類則是建立有意義的符號體系來認識世界。代表作為《符號形式哲學》。

所有歷史都只能從「現在」開始記述

歷史全部都是早已不存在的往事，因此記述歷史的行為，只能從記述者所在的現在為起點往前回溯，所以記述的過去當然不是完全如實的過去。卡西勒（Ernst Cassirer）將這種記述的事件，統稱為「符號世界」。詞語、文化，當然也包含歷史在內，人類會將這一切都翻譯成符號（符號化），而後才接受並記憶。

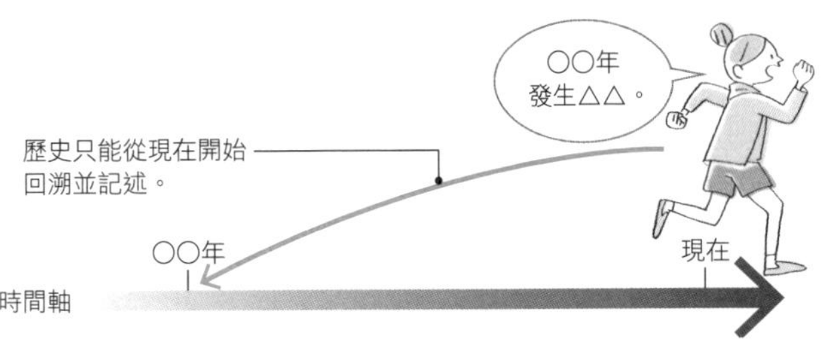
○○年發生△△。
歷史只能從現在開始回溯並記述。
○○年
現在
時間軸

無法俯瞰歷史的全體

過去是從「現在」開始回溯的記述，這個概念是以今日名為「敘事學※」的研究領域為大前提。記述過去，就是單純敘述過去故事的行為；既然歷史屬於故事，就無法要求它具備客觀的真理。

無論如何，不可能存在能夠一眼俯瞰歷史的視角。我們能夠做到的，就只有每一次從自己生存的時代觀點，來描繪歷史的符號。

給想知道歷史真相的人

世上沒有人能夠回顧如假包換的歷史喔。

※ 敘事學一般又分為著重於敘述內容類型的立場，以及著重於表現形式的立場，不過近年來出現注重歷史敘述中蘊含的故事性之討論。

世界文明的中心

今後，世界的中心
在哪裡呢……
16世紀以後，歐洲成為世界中心。
16世紀以前的世界中心是亞洲。

中世紀以後，歐洲和亞洲的地位徹底翻轉。

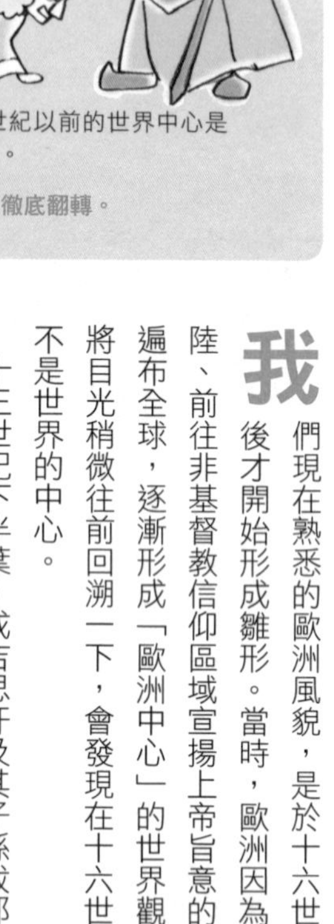

我們現在熟悉的歐洲風貌，是於十六世紀大航海時代以後才開始形成雛形。當時，歐洲因為發現了美洲新大陸、前往非基督教信仰區域宣揚上帝旨意的布教活動，足跡遍布全球，逐漸形成「歐洲中心」的世界觀。但是，讓我們將目光稍微往前回溯一下，會發現在十六世紀以前，歐洲並不是世界的中心。

十三世紀下半葉，成吉思汗及其子孫拔都所率領的蒙古鐵騎，占領了波蘭和匈牙利。十世紀左右，歐洲王國發起多次十字軍東征，試圖收復穆斯林占領的聖地，雖然第一次頗有斬獲，但是最終仍被迫撤退。再往更久以前回溯，會發現歐洲早在五世紀就遭到匈人侵略，此事也促成日耳曼民族大遷徙，進而成為西羅馬帝國滅亡的遠因。

二十世紀，柏林圍牆倒塌以後，一九九三年成立的歐洲聯盟（EU），在二十一世紀的現在卻早已露出衰敗無能的跡象。如今英國宣布脫離歐盟，整個歐洲又再度走向詭譎多變的形勢。

黑格爾的「歐洲論」

自由且正統

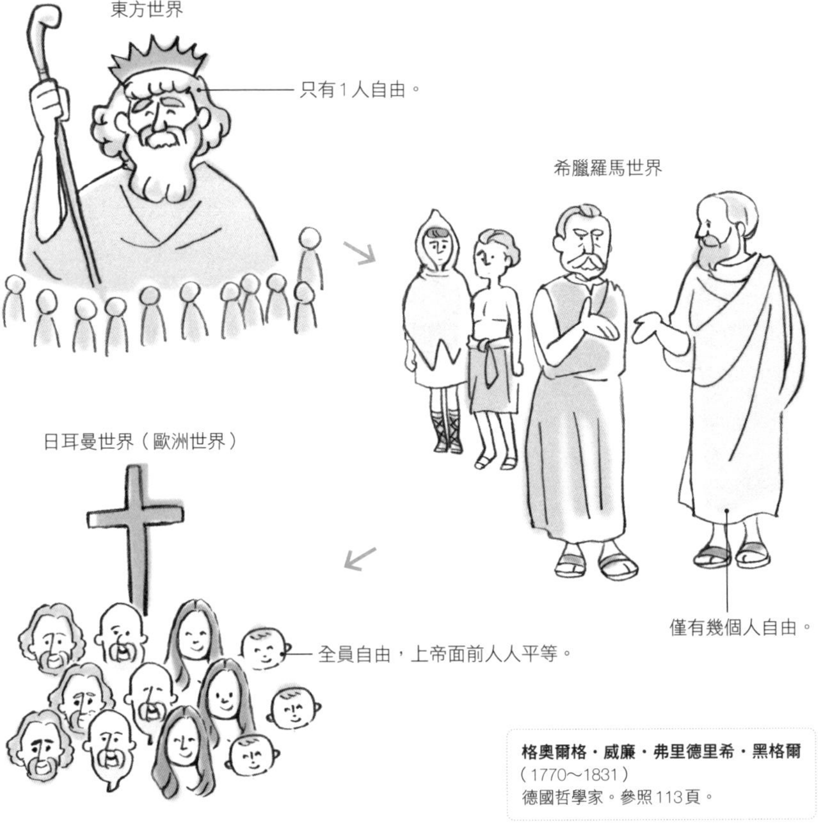
東方世界
只有1人自由。
希臘羅馬世界
僅有幾個人自由。
日耳曼世界（歐洲世界）
全員自由，上帝面前人人平等。

格奧爾格・威廉・弗里德里希・黑格爾
（1770～1831）
德國哲學家。參照113頁。

歐洲才是歷史的正統

黑格爾的史觀，是將歐洲大陸與日耳曼世界劃上了等號※。黑格爾認為，他視作歷史原動力的「自由意識」的進展，將會在日耳曼世界（歐洲世界）徹底完成。為什麼他會這麼想呢？

黑格爾對於「自由意識」的進展，做了以下的探索。首先，東方世界是「只有專制君主一人了解自由」，接著在希臘羅馬世界也只有「少數人了解自由」。黑格爾認為相較之下，日耳曼世界透過基督教，認識「人人皆自由」的道理，更進一步主張，此後歐洲的自由意識能夠傳遍全世界。

給前往歐洲旅遊的人

希望你能夠體驗到正宗的自由。

※　黑格爾將世界史推展的過程分為東方世界、希臘羅馬世界、日耳曼＝歐洲世界3個階段，分別探索。

薩伊德的「歐洲論」

長期試圖統治東方（Oriental）

將各民族全部統括成
「東方」並塑造印象。

東方觀點孕育出歐洲帝國主義

「東方主義」原本是指對藝術領域的東方情趣和學問的研究，但薩伊德（Edward Wadie Said）引用這個詞，指稱歐洲想像東方世界時特定的思考模式。

這個思想代表「西方」並不是將自己視為不同於「東方」的存在，而是自詡為領導東方的立場，處於精神上的優越地位。

是東方主義
促成帝國主義！
東方主義是指西方試圖站在領導東方的立場，但這樣會孕育出西方的殖民思想。
西洋
東洋

愛德華・薩伊德（1935～2003）
巴勒斯坦裔美國評論家。他的著作《東方主義》十分有名，書中主張西方對亞洲的浪漫想像，會悄悄合理化帝國主義。

差異與歧視

薩伊德指出，「東方」這個印象，實際上是以一種與這個詞語指稱的地區居民現狀毫無關聯的方式，持續茁壯，並以「東方主義」之名流通。

的確，東方與西方不同，然而這種不同所代表的「差異」意識，往往容易抽換為區分優劣的「歧視」意識。畢竟我們往往會戴上有色眼鏡，以價值判斷來看待事物。

接觸異國文化時

要小心別從表面印象妄下判斷。

德希達的「歐洲論」

歐洲絕非世界的中心

柏林圍牆倒塌
波斯灣戰爭
歐盟成立
歐洲聯盟旗
科威特油田大火

歐洲的震盪

20世紀下半葉，歐洲經歷一連串劇烈的動盪，陸續發生舊蘇聯瓦解、東歐民主化、柏林圍牆倒塌、東西德統一、波斯灣戰爭，以及歐盟成立等重大事件。

在這種流動性之下，德希達透過著作《另一個海角》，探索歐洲在世界上應當扮演的角色。

歐洲是歐亞大陸西方一個邊緣的凸角。
歐洲只是個海岬罷了。

雅克・德希達（1930～2004）
法國哲學家。參照97頁。

傳統歐洲早已成為往昔

歐洲只不過是歐亞大陸西方一個凸出的地區（海岬），卻想像自己是全世界的精神領袖。

德希達的目的，並不是單純肯定或否定這種已鞏固的自我中心主義的歷史，而是質疑現代的歐洲人，今後該如何面對自己身處的流動且搖擺不定的地區。

給愈老愈頑固的人

希望你能接受現在的自己，與家人往來。

column

東洋思想與哲學

所謂的哲學，是源自於古希臘的特殊思考邏輯，不將原因歸咎於不可見的存在，而是嘗試理解現實的世界。不過，如果單論人生教訓與意義的哲學，在古今中外隨處都可見。像是來自古印度的佛教，也會思考哲學性的命題。

我們在前文介紹過佛陀宣揚的原始佛教（73頁），所以這裡就來談談日本佛教吧。佛教大約是在6世紀中葉，經中國大陸傳入日本。當時傳入的佛教應該是大乘佛教（教導信徒要救濟廣大眾生），但是僧侶在當時日本的待遇就好比公務員，他們的使命是侍奉朝廷和貴族。直到鎌倉時代誕生新的宗派，才力圖破除這種偏見，回歸原本大乘佛教的教義。

其中代表性宗派就是淨土宗。淨土宗的始祖法然原先在比叡山延曆寺努力修行，為了救濟眾生才下山弘法。法然根據淨土宗經典，引述阿彌陀如來發願的故事。阿彌陀如來在開悟成佛的拂曉之際，發願要引領所有信徒前往自己居住的極樂世界，而這種仰賴阿彌陀如來之力達到極樂往生*的他力（84頁）思想，就是淨土宗的基礎。法然的弟子、後來宣揚淨土真宗的親鸞，以及在同一時期宣揚踊念佛的一遍上人，都是這個時代的淨土宗代表人物。

當然，也有其他人主張效仿佛陀出家修行悟道才是正途。在鎌倉時代強調這種自力思想的人，首屬曹洞宗的始祖道元。佛教教義如此大幅度的變動，也可以說是鎌倉新佛教的一大特徵吧。

南無阿彌陀佛。
佛教認為只要唸佛，就能往生至極樂淨土。
阿彌陀如來

＊ 往生的原意是指離開俗世、前往淨土，在淨土重生後以悟道為目標。

6章

思考本然

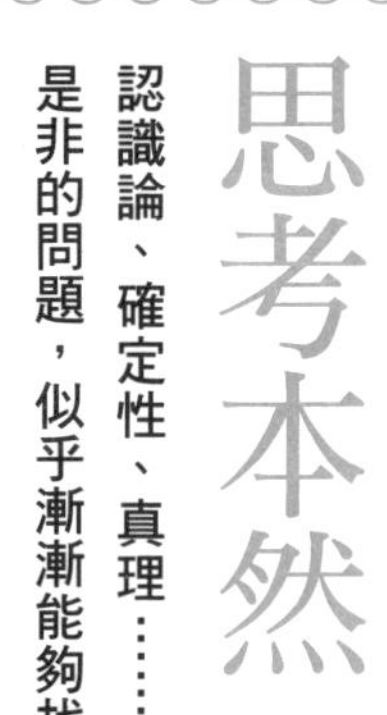

認識論、確定性、真理……，哲學家對於這些無法探究是非的問題，似乎漸漸能夠找到答案了。

世界

「自以為知道」等於「知道」嗎？

說我無所不知……，
真的假的？

正確理解事物的狀態（相當於希臘語的επιστήμη，英語轉寫為episteme），以及自以為理解的狀態（希臘語為δόξα，英語轉寫為doxa），兩種狀態是一樣的嗎？還是根本不一樣呢？

蘇格拉底（39頁）認為這兩者混淆的狀態值得思索。當時蘇格拉底所在的雅典城邦剛開始實行民主政治，擅長辯論者得以公開發表意見，並以演說技巧博得廣大群眾的支持。有部分周遊四方傳授知識的智辯家（或稱詭辯家）看準這個機會，紛紛前來雅典，教導貴族青年辯論術，藉此賺取高額的酬勞。

但是，蘇格拉底質疑他們是否真的具備知識，便主動前去拜訪，隨意提出話題質問他們。智辯家的長處就是博學，所以能夠立即回答任何疑問；不過，蘇格拉底卻緊抓著答案中的灰色地帶不斷追問，直到他們答到啞口無言。

結果，智辯家才發現自己誤以為自己知識淵博。這就是「無知之知」。

柏拉圖的「臆見」（理型論）

正確的知識是作為理型而存在

我不知道。
對於智辯家，他們不知道「自己不可能無所不知」。
智辯家
蘇格拉底
蘇格拉底知道「自己什麼都不知道」。

蘇格拉底的提問

蘇格拉底（39頁）親自揭露了連智辯家也缺乏正確知識的事實。這樣一來，便令人開始質疑是否真有正確的知識存在。就算真的存在，又要如何保證我們能夠正確理解這些真理呢？

為了回答這個問題，柏拉圖提出的解決之道就是「理型論」。

柏拉圖（前427～前347）
古希臘哲學家。參照25頁。

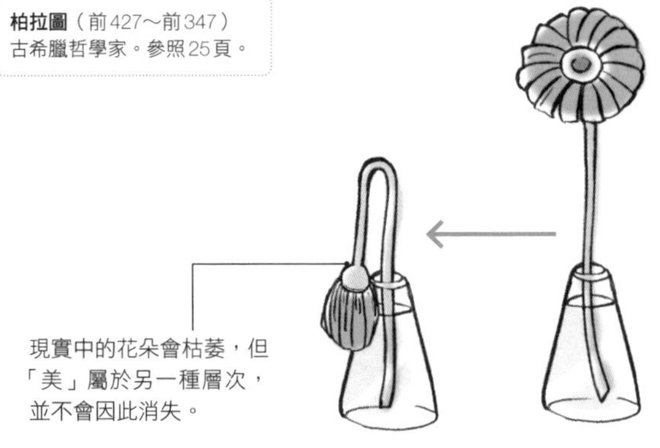
現實中的花朵會枯萎，但「美」屬於另一種層次，並不會因此消失。

正確的知識就是理型

有朵美麗的花插在花瓶裡，過了一週後，花會自然凋謝；但是，並不會有人說花的美麗枯死了吧？因此從這個例子可以看出，花所體現的美，這個美就是理型。

根據柏拉圖的說法，理型才是各個事物真理性的後盾，是理型保證了我們對真理的認識。

給害怕年華老去的人

你的美麗本質一點都沒有改變喔。

康德的「認識論」

人類無法認知真理

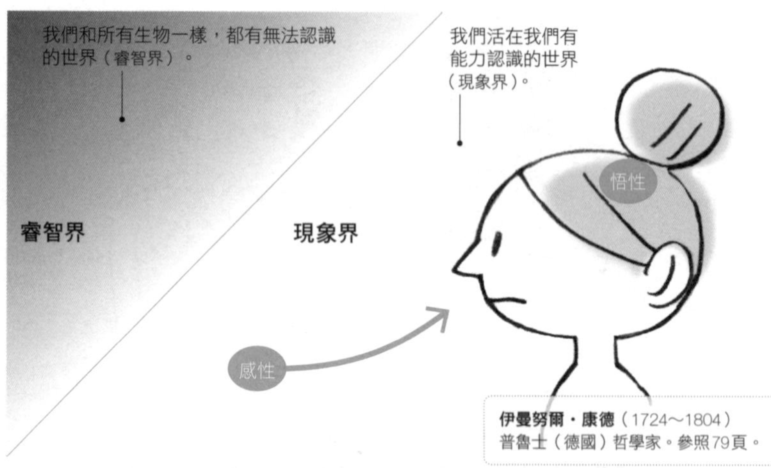
我們和所有生物一樣，都有無法認識的世界（睿智界）。
我們活在我們有能力認識的世界（現象界）。
睿智界
現象界
悟性
感性

伊曼努爾・康德（1724～1804）
普魯士（德國）哲學家。參照79頁。

認識是「感性」和「悟性」合作下的產物

根據康德的說法，我們理解事物的行為，也就是認識，是由「感性」和「悟性」合作才可能成立。所謂的「感性」，簡單來說就是五官感受，負責輸入外來的資訊；「悟性」則是整理感性接收的資訊後加以組織，告訴我們正在認識什麼事物的能力。

人類認識的世界，不同於世界本身的模樣。
世界真正的模樣（真理）
透過感性＋悟性認識。

真理必與各個事物有所區別

魏克斯庫爾（107頁）認為，生物的感官能力會因物種而異，每個生物可以認識的世界都不盡相同。康德所說的「悟性」也是同樣的道理，人類只能認識到與自己的認識能力（感性＋悟性）相符的世界，並生存其中。

如此一來，我們認識的世界模樣，不等同於其他生物認識的模樣。也就是說，世界本身的模樣，是伸手不可及的真理。沒有人能夠認識真理本身，這就是康德的結論。

給聲稱可以認識世界的人

真正的世界，我們是無從得知的。

邏輯實證主義的「語言觀」

問題在於是否能夠正確認識

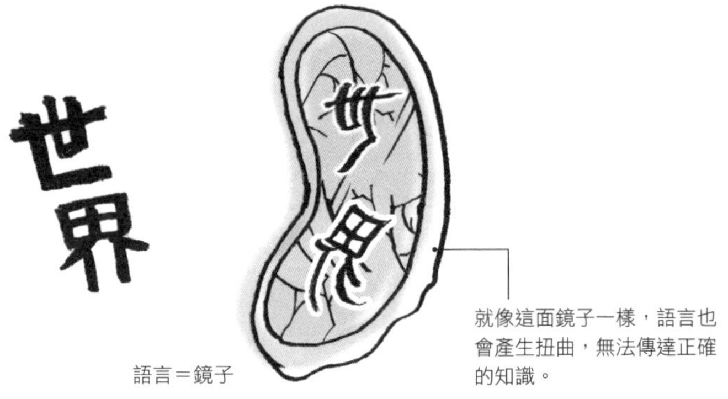
世界
世界
語言＝鏡子
就像這面鏡子一樣，語言也會產生扭曲，無法傳達正確的知識。

語言就是世界本身

根據沙皮爾－沃爾夫假說，我們所有的行為都會受到語言的侷限（49頁）。索緒爾也說過，語言才是我們認識世界的基礎（52頁）。理解、感受、傳達……，我們任何一種行為都需要運用語言作為媒介。語言就好比反映世界的鏡子，一旦鏡面有刮痕或髒汙，便無法如實照映出事物；同理，語言一旦出現扭曲或模糊，就無法正確傳達世界的模樣。所以打從一開始，問題只在於我們是否能夠認識正確的知識。

神存在。
不，神不存在。
氣溫是△△°C。
日常語言無法驗證。
將目的聚焦在可以驗證的科學語言分析上。

從日常語言到科學語言

自20世紀初在維也納誕生的邏輯實證主義※，便是引導大眾進行這種反思，將對於真理的認識轉向掌控認識行為的語言分析。他們認為模稜兩可的日常語言恐會造成瑕疵，並且精進可以如實反映世界的「科學語言」。

給說話隨心所欲的人

詞語會反映心靈，最好還是要正確使用。

※ 在維根斯坦的《邏輯哲學論》影響下，於1929年成立的維也納學派提出的哲學思想。邏輯實證主義將無法驗證的形上學視為無意義的學問，專注在可以驗證的科學，並主張哲學家的任務就是分析語言。

人人都認同的真理存在嗎？

「有真理」派
由誰來判定？
「沒有真理」派
陷入懷疑主義
兩邊好像都對，但又好像都不對……。

如果要用一句話定義真理，簡單來説就是「隨時隨地且對任何人都適用」。但是，這世上真的存在這種東西嗎？當有人主張某件事「就是真理」時，又是由誰來判定這個主張是否確實符合真理，也就是判斷當中內涵是否擁有符合定義的妥當性呢？

不過，若是因此急於斷定「根本沒有真理」，又會落入懷疑主義※的窠臼。一旦不承認確定的事實存在，我們便無法判斷真假，也無法辨別好壞，結果就會變成不能批評或評價任何人做的任何事，即使再荒誕的空想都有可能在現實世界中發生。

斷定世上有人人都應服從的絕對真理，以及矢口否認真理必然存在，兩種態度一樣都有問題，這就是為什麼我們時常處於難以定論的自我矛盾當中（這種情況在哲學領域又稱作「二律背反」）。

話説回來，我們真的有辦法在這條真理的死胡同裡找到出路嗎？

※　懷疑主義是主張不可能有確定的事實，採取質疑一切的態度。

亞里斯多德的「真理」

真理代表思考與存在的真假一致

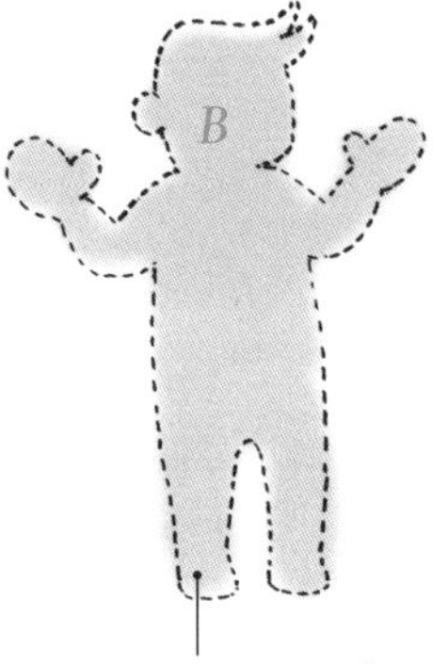
B
實體不存在，所以「B存在」的思考為假。

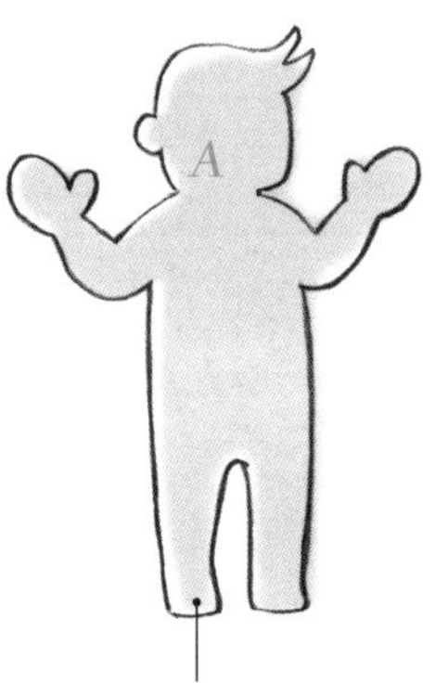
A
實體存在，所以「A存在」的思考為真。

亞里斯多德（前384～前322）希臘哲學家。參照61頁。

真理的對應理論

亞里斯多德將實體不存在、但思考存在的狀態視為「假」。但這麼說來，神也是「假」的了，所以中世紀的哲學家才會竭力投入證明「神的存在」。

實體／思考	存在	不存在
存在	真	假
不存在	假	真

神確實存在嗎？

當思考與存在相對應，真理便在其中

亞里斯多德發明邏輯學一事也非常有名，他的邏輯學依形式整理出我們可運用的各種判斷方法，試圖釐清什麼狀況所做的任意判斷是「真」還是「假」。

那麼，「真」是屬於什麼樣的狀況呢？比方說，A這個實體存在時，「實體A存在」的思考為真，「實體A不存在」的思考為假。

相反地，對於不存在實體的B，「實體B不存在」的思考為真，「實體B存在」的思考為假。

像這樣，當思考與存在的真假一致時，即可判斷此為「真理」，這種思考方式就稱作「真理的對應理論」。

搞不清楚
什麼才是真實時

別忘了因為存在，才會成為真實。

萊布尼茲的「真理」

事實的真理與理性的真理

「天空是藍色」是事實的真理。
其中有「天空是藍色」的事實，
也有「灰色」的事實。

真理會因判斷而定

萊布尼茲認為「真理對應理論」（127頁）的核心在於「判斷」（表現思考內容的固定形式）。不必確認思考的真假與存在的真假是否一致，只要確認表現形式，自然就能決定真假。

像「天空是藍色」這種即便否定也不會陷入矛盾的真理，萊布尼茲稱為「事實的真理」；另一方面，像數學真理這種否定就會產生矛盾的真理，則稱作「理性（永遠）的真理」。

神的真理與被造物的真理

萊布尼茲認為，「理性（永遠）的真理」是必然且不可逆反，因為「理性（永遠）的真理」是來自神的真理；相較之下，「事實的真理」是偶然且可逆反，只要將事實的真理視為被造物層次的真理就好了。

數學的真理永遠不會變。
1＋1＝2
理性（永遠）的真理不會改變！

哥特佛萊德・威廉・萊布尼茲
（1646～1716）
德國哲學家、數學家。參照106頁。

這個世上有真愛嗎？

有，但會因為你的看法而改變。

尼采的「真理」

真理是人類擅自妄想的產物

哦～
海豚好聰明
啊～
好可愛。
SAVE DOLPHINS
觀點主義
禁止獵捕海豚成為
真理。
「聰明可愛的海豚」→「海豚是高等動物」→
「海豚是保育對象」，以這種方式擴大解釋並賦
予價值。

真理只是觀念的擴大解釋

人人總是深信自己看待事物的方式非常普遍，並持續擴張自己偏頗的視野，依自己的期望賦予事物重新詮釋過的價值，尼采將這種態度稱作「觀點主義」。根據尼采的說法，我們以為不證自明的道理，其實都只是觀點主義衍生的價值觀，絕不能算是普遍的真理。

弗里德里希・尼采（1844～1900）
德國哲學家。參照58頁。

解釋成「四角形
的某物」。
解釋成「圓形
的某物」。
就像我們對物體的看法會因
觀看的角度而不同，所有價
值都是依個人解釋而定。

觀點主義與真理

「真理」也是如此，或者說「真理」才是依據觀點主義捏造出來的一種價值。真理的價值是如何捏造出來的？我們又該如何突破真理的侷限、往前走得更遠呢？晚年的尼采就在鑽研這些課題的過程中結束了一生。

當自己的主張遭到否定時

反正這一切不過是基於觀點主義。

世上存在恆定的事物嗎？

永別了。

如果是懷疑論者，應該就能說服自己「根本就沒有什麼真愛」，進而振作起來吧……。

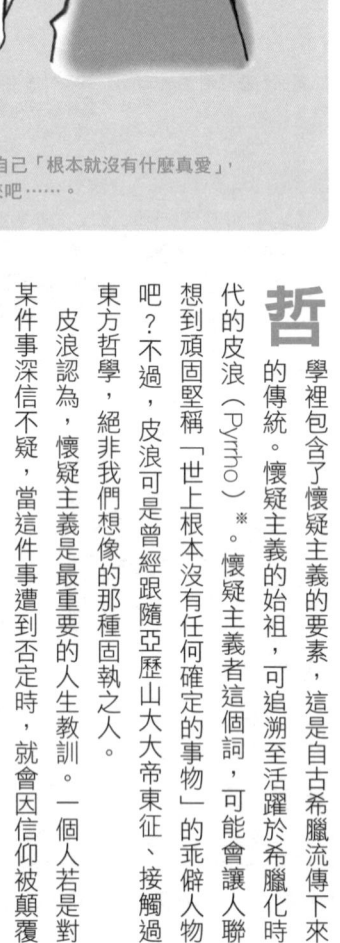

哲學裡包含了懷疑主義的要素，這是自古希臘流傳下來的傳統。懷疑主義的始祖，可追溯至活躍於希臘化時代的皮浪（Pyrrho）※。懷疑主義者這個詞，可能會讓人聯想到頑固堅稱「世上根本沒有任何確定的事物」的乖僻人物吧？不過，皮浪可是曾經跟隨亞歷山大大帝東征、接觸過東方哲學，絕非我們想像的那種固執之人。

皮浪認為，懷疑主義是最重要的人生教訓。一個人若是對某件事深信不疑，當這件事遭到否定時，就會因信仰被顛覆而遭受打擊，甚至崩潰。任何思想都應該保有質疑和反駁的餘地，既然如此，倒不如一開始就拋棄所有的定見、接受一切事物的自然狀態，這樣對我們來說才是認識世界的最好的選擇。

話說回來，我們人類終究是無法保證能夠掌握到絕對的真實，所以才需要懸置（epoché）一切會攪擾心思的判斷和預斷，注意保持內心寧靜（ataraxia），這才是皮浪認為的懷疑主義的真諦。

※ 皮浪（前360～前270），被視為懷疑主義始祖的希臘哲學家。據説他在亞歷山大大帝遠征時隨行在側，足跡最遠曾至印度。

蒙田的「確定性」

再三思量，避免妄下定論

我究竟知道
什麼啊？
蒙田不停自我思量的姿態，
就像重現了蘇格拉底「無知
之知」的教訓。
正確的只有
「Que sais-je」
（我知道什麼？）

米歇爾・德・蒙田（1533～1592）
文藝復興時期的法國哲學家。著名的懷疑論者，探索人類的生存方式並不斷提出反論的《隨筆集》非常有名。

不確定的事物是確定的

蒙田（Michel de Montaigne）在著作《隨筆集》裡，對懷疑主義的描述如下。

懷疑一切的懷義論者，激昂地聲稱「沒有什麼事是確定的」，藉此將自己「可確信的事物根本不存在」的主張定論為真理，陷入自我矛盾。

堅稱「有確定的事物」的獨斷論者，和宣稱「沒有確定的事物」的懷疑論者，最終都不免走向自命不凡的偏見謬誤。真正的懷義主義應當奉行「我知道什麼？」（Que sais-je?）這條公式，只能是無窮盡的疑問句。

沒有什麼事
是確定的！
＝
〇〇就是△△！
懷疑論者
獨斷論者
結果，懷疑論者和獨斷論者一樣
都是妄下定論。

給凡事都
妄下定論的人

先捫心自問，自己究竟知道些什麼吧。

摩爾的「確定性」

收集常識命題才有確定性

我思，故我在。
笛卡爾有目的地懷疑一切（懷疑方法），結果發現無法懷疑的只有自己的意識存在。
這是我的右手！
摩爾用自己的手而不是心，指出過去的哲學家提出的確定性基準，對照常識來看有多麼愚蠢。

對自己而言 自己的存在是確定的

自笛卡爾以降的哲學家，普遍認為我們對自己的心靈狀態無庸置疑，自己的存在對自己而言是確定的。因此，他們都專注思索人是如何認識自己心靈之外的事物（身體、物體、過去或他者等外在狀態）。

喬治・愛德華・摩爾（1873～1958）
英國哲學家。1939年發表論文《外部世界的證明》時，舉起一隻手並宣稱「這裡有一隻手」，主張這就是手存在的充分證明。

確定性的傳統見解十分愚蠢

英國哲學家摩爾（George Edward Moore）從有別於懷疑主義的角度出發，對此提出質疑。

他將自己的右手伸到面前，聲稱「我知道這是我的右手，這是千真萬確的真實」，藉此反駁內在的認知（心靈）比外在的認知更加確實的傳統哲學思想，主張世上存在著確定的知識。

摩爾認為，只要收集這種「常識命題」，就能導出關於世界的確定知識。

如果有人想要確定的證據

重要的是收集常識命題，逐步確認。

維根斯坦的「確定性」

人只能確定知識框架的形成

藉由探索歷史得到
證明的事項。
比方說研究歷史，作為研究對象的時代裡有大地的存在，這是毋須質疑的事實。換言之，這裡所說的「大地」，並不是因為探索歷史才得以證明的事項，而是不可或缺的根基。
一味懷疑，就什麼都不能做了。

路德維希・維根斯坦（1889～1951）
奧地利哲學家。參照44頁。

作為確定性的大地

維根斯坦受到摩爾的啟發，在晚年寫下《論確定性》的草稿。這裡所謂的「確定性」，是指必須消除疑點的事物。維根斯坦評論了摩爾的論點，嘗試藉此開拓這種確定性的領域。

你怎麼可能
會不知道！
我知道我的右
手在痛。
摩爾
維根斯坦

「常識命題」無法保證知識的確定性

不過，維根斯坦並沒有忘記批判摩爾。對於摩爾「我知道這是我的右手」的說詞，維根斯坦認為這句話只有存在可能「不知道」的條件下才有意義。換言之，「我知道我的手在痛」這種說法只是一句多餘的闡述。只有自己知道自己的手在痛，不可能不知道，這麼說根本毫無意義。

維根斯坦在比知與不知的層次更深的底層，找到了毋庸置疑的真理地基。

給老愛問為什麼的人

有些事情是毋須懷疑的真理。

思考本然

科學絕對正確嗎？

基督教的真理證明
發現「木星的衛星」
發現「金星的盈虧」
發現「萬有引力定律」
發現「三大運動定律」
伽利略
牛頓
我們都很重視基督教的真理！
自然科學是什麼？能吃嗎？

對生活在現代的我們來說，「自然科學」幾乎早已成為現代人的常識。然而這門學科領域，其實是在十八世紀後半到十九世紀期間才形成的新興學問。

在科學萌芽之前的時代，雖然也誕生出牛頓、伽利略這些科學史上的偉人，但他們最初的研究目的並不如我們所想像的那般，是基於創造更豐饒的社會與自然環境等目的才投入科學探索。牛頓與伽利略所處的時代，基督信仰依然普及，引導人們的心靈與人生，而他們自然也不能免除在外，都是十分虔誠的基督教徒。

既然世界是由神所創造，那麼這個世界理應依循一個秩序運轉。當時的科學家將這個秩序理解為自然定律，藉以證明神的創造是多麼高明的壯舉。牛頓與伽利略實際上都是為了證實基督教的真理，才會奉獻一生投入研究。

當然，這裡並不是要批評他們的研究內容存在問題，畢竟反過來看，我們也無法確定近現代科學是普遍且完全正確的真理。

波普爾的「科學論」

科學只是尚未出現否證的暫定真理

太陽
地球
宇宙是以地球為中心運轉。
托勒密
2世紀
天動說屹立不搖大約1500年。
數據資料有多項誤差（1年的長度、火星逆行）（否證）。
地球
太陽
地球繞著太陽運轉。
哥白尼
16世紀
否證的結果是天動說有誤，地動說成為尚未出現否證的真理。
就是「可否證性」。科學的條件

卡爾・波普爾（1902～1994）
奧地利出身的英國哲學家。提倡科學言論必備條件的可否證性概念，批判展現錯誤方法的邏輯實證主義。

科學理論的驗證與否證

科學理論的正確與否是如何保證的呢？我們一般都以為只要透過實際觀測或實驗結果就能確認了，但是波普爾（Karl Raimund Popper）卻對此提出質疑。

現階段的驗證方法，是根據過去累積至今的數據資料和理論來進行，所以即使當下可以保證正確性，也不代表未來一直正確無誤。只要在驗證過程中出現一次不同的結果，就表示現階段的理論有誤，這就是「否證」。

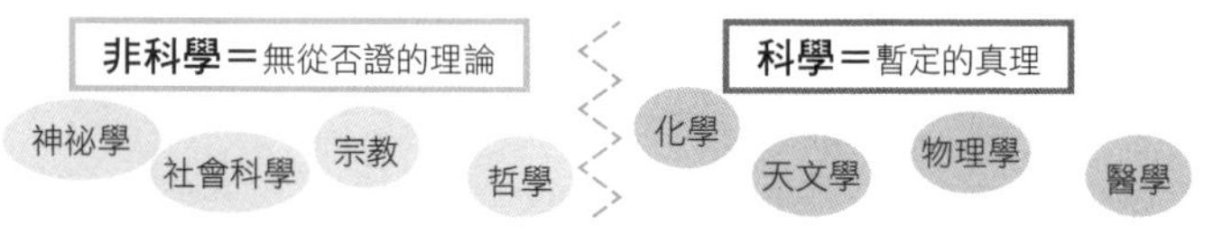
非科學＝無從否證的理論
神祕學
社會科學
宗教
哲學
科學＝暫定的真理
化學
天文學
物理學
醫學

科學事實是暫定的真理

波普爾認為，所有的科學都具備可否證性，正因如此，科學理論才有發展的可能性。反過來說，在波普爾的主張裡，不具備可否證性的理論根本不可能是科學。由此可見，精神分析學和馬克思主義也都是偽科學。

於是，波普爾提出可否證性理論，將科學理論視為「尚未否證的真理」。根據這個定義，所謂的科學事實終歸只是「暫定的真理」。

給主修科學的學生

有可否證性的理論才是科學，所有科學都只是「暫定的真理」。

韓森的「科學論」

一旦開始懷疑便永無止盡

只要具備「可否證性」，科學就不值得信任。
實驗
觀察
驗證
驗證用的資料。
取得資料的方法論。
「△△是××」
「××是○○」
取得資料的方法論，也是以先行的既定理論為基礎。

諾伍德・羅素・韓森（1924～1967）
美國科學哲學家。二戰期間是相當活躍的海軍陸戰隊戰鬥機飛行員。退伍後立志成為音樂家，但最後卻是因主修物理學和哲學而嶄露頭角。

科學裡的資料是什麼？

波普爾雖然以「否證」為立足點推展科學論，但依然相信科學理論的進步。韓森（Norwood Russell Hanson）則是連信任的價值都全盤否定。

用以驗證科學理論的資料究竟是什麼東西呢？其實資料本身也是依照過去的觀察、觀測與實驗所導出的結果。那麼藉由觀測而成立的方法論正確性，又是以什麼為擔保呢？只能說終究還是以先行的科學理論作為依據吧。

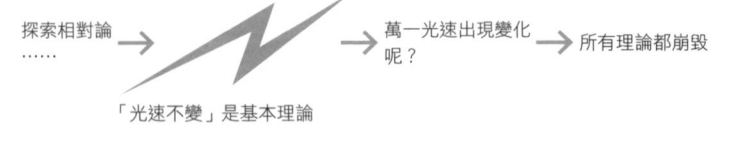

探索相對論…… → 萬一光速出現變化呢？ → 所有理論都崩毀

「光速不變」是基本理論

理論負載動搖科學的存在

按這個邏輯思考下去，所有科學理論正確性的證明工作就會沒完沒了。所有理論都是因為有先行的科學理論才得以成立，韓森將這種狀況稱作「理論負載」。結果，應當作為驗證基礎的資料本身也無法保證其客觀性，科學客觀性這個原則本身便不夠穩固。

給主修科學的學生

根據「理論負載」的概念，並不存在純粹客觀的科學理論。

康吉萊姆的「科學論」

科學的正確性與健康感受度不一致

我很好！
好難過…
「健康」有個人差異。
同樣是 38 度的高燒，症狀也會有差別。

喬治・康吉萊姆（1904～1995）
法國科學哲學家。批判將生命還原成物理現象的機械論，並對正常與異常的概念提出質疑，嘗試從歷史的角度研究醫學。

「健康」是什麼？

康吉萊姆（Georges Canguilhem）從醫學的角度提出他對科學的懷疑。說起來，健康的基準在哪裡呢？難道不是單純根據將健康視為正常狀態的制度性規範來判斷嗎？康吉萊姆在主要著作《正常與病態》中質疑，或許根本不可能在人類的正常與異常之間劃出一條客觀的界線。

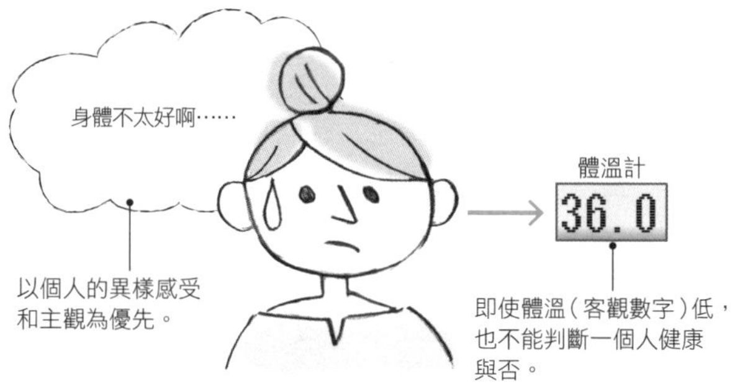
身體不太好啊……
體溫計
36.0
以個人的異樣感受和主觀為優先。
即使體溫（客觀數字）低，也不能判斷一個人健康與否。

健康的判斷不是仰賴科學而是先依據主觀的感覺

康吉萊姆認為，異常是一個人覺得日常生活出現阻礙，前往醫院看診時才會顯現出來的狀態。也就是說，異常並不是客觀的數據，而是在環境中個人感覺到的異樣與主觀先行的感受。反過來說，當身體在環境中活動時，沒有主觀意識到任何事、能夠順利生活的狀態，就可以稱作「健康」。

給身體似乎不太好的人

就算沒發燒，也不能當作判斷健康的客觀依據，還是多休息比較好。

世界只是我做的一場夢？

蝴蝶
莊子
蝴蝶是莊子做的夢？
還是莊子是蝴蝶做的夢？

中國古典名著《莊子》的齊物論篇章裡，有一段著名的「莊周夢蝶」的故事。

故事大意是莊子在某個春日午睡時，夢到自己化為翩翩蝴蝶，盡情飛翔在原野上，舒暢到忘記自己是個人類。直到他甦醒後，才意識到自己還是莊子。因此，他開始懷疑究竟是自己在夢中變成了蝴蝶，還是現實狀態的自己不過是蝴蝶所做一場的夢。

這個故事的結尾，寫道「周與胡蝶，則必有分矣」，由此可見莊子站在同等肯定兩者的立場。既然如此，說不定現在你正在讀這本書的世界，其實只是你自己做的夢，或是誰正在做的夢。

我們在一般情況下通常自覺不可能混淆夢境和現實，但是夢和現實的界線究竟有多明確呢？在哲學歷史的發展過程中，也有不少哲學家嘗試透過論證，最終得出夢與現實不可分割的結論。

笛卡爾的「知覺」

內在感覺是不確定且無法信任

內在感覺
腦內
癢
快感
痛
不快感
判斷夢境或現實
外在感覺
視覺
聽覺
嗅覺
觸覺
味覺

勒內・笛卡爾（1596～1650）
法國哲學家。參照33頁。

外在感覺與內在感覺

我們的感覺經常會欺騙我們（例如視錯覺、幻聽等）。前面提過，笛卡爾採用「懷疑方法」（33頁），排除所有不確定現象並找出確定事物，不過這個方法其實還有後續。

笛卡爾將感覺分成外在感覺與內在感覺。前者是一般意義的五官感覺，後者則是自己身體的內在狀態（痛、快感等）的感覺。外在感覺有時會出錯，但自己內在狀態的知覺並不會錯。畢竟沒有人會誤以為自己很痛或很癢吧？

汗
惡夢
顫抖
感知到夢中的體驗彷彿發生在現實中，因而產生了反應。

內在感覺與夢境

不過，笛卡爾進一步舉夢境為例。當我們做了惡夢甦醒時，會心跳加速或是渾身冒冷汗。夢只是虛構的情境，儘管如此，身體卻會因此產生反應。於是笛卡爾得出一個結論，那就是作為判斷現實的根據、應當毋庸置疑的內在感覺，或許也是不確定且無法信任的。

給老是做夢的人

內在感覺也是不確定的，因此我們無法得知什麼才是現實。

洛克的「知覺」

知覺是第一性質與第二性質連結後的產物

約翰・洛克（1632～1704）
英國哲學家。參照29頁。

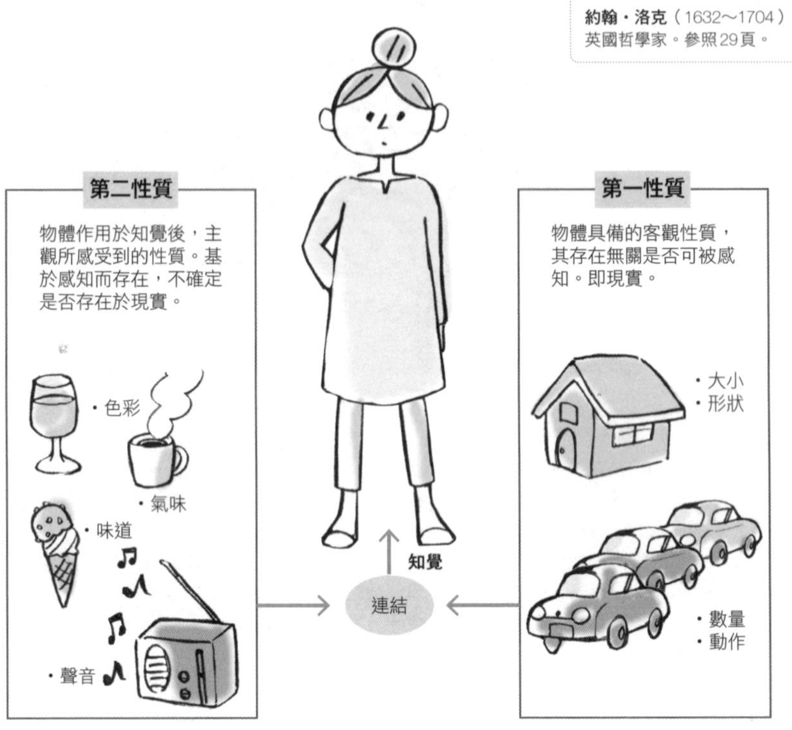
第二性質
物體作用於知覺後，主觀所感受到的性質。基於感知而存在，不確定是否存在於現實。
・色彩
・氣味
・味道
・聲音
第一性質
物體具備的客觀性質，其存在無關是否可被感知。即現實。
・大小
・形狀
・數量
・動作
連結
知覺

第一性質與第二性質

世界可能是我做的一場夢——這種疑慮反過來看，也可以是「我現在看見的現實是真的嗎？」若要追根究柢，還可以導出「知覺究竟是怎麼一回事」的疑問。

洛克認為，我們會透過兩種條件來感知事物。一種是人人都有相同的感知，伴隨著固定大小、形狀、場所與動作的事物（第一性質）；另一種是受到我們的主觀感覺（知覺）影響的色彩、味道、氣味、聲音等事物（第二性質）。

洛克主張我們知覺到的事物並非是最自然的現實本身，而是第一性質的事物與每個人所感受到的各種第二性質，互相連結而成的模樣。

若是被人指責該認清現實

不是只有客觀的現實才是現實，主觀的感覺也是現實。

柏克萊的「知覺」

可感知的事物才是世界

觀念
色
感覺
感情
形狀
記憶
所有事物都會以觀念的形式顯現在心靈之中。
正因有感知才會存在！

喬治・柏克萊（1685～1753）
愛爾蘭的神職人員。主張即使敲了桌子覺得「很硬」，也只能認識到知覺上的「硬」，並不等於認識「桌子本身」。他以這種論點否定物質，只承認可感知的精神和神是實體。代表作為《視覺新論》、《人類知識原理》。

可感知的唯有觀念

柏克萊（George Berkeley）認為，如果要貫徹洛克（29頁）的第二性質理論，那麼我們能夠認識的世界或許就只有「觀念顯現在心靈裡的意象」。柏克萊所謂的觀念，是指能夠感知到的色彩、形狀、內心的情感等，即透過記憶和想像重現的一切意象。柏克萊主張我們感知到這些意象後，是心靈的作用將它們建構成事物的觀念。

樹存在於心靈中。

存在就是被感知

柏克萊從這個論點，引申出「存在就是被感知」的結論。根據柏克萊的說法，形狀和大小都不是固定的性質，會因觀看方式而變化。也就是說，洛克的第一性質也是在心中形成的觀念。於是，依照柏克萊的理論，不管世界是不是我們所做的夢，我們感知的事物都等於世界。但是這樣又會衍生出一個問題：是否存在著無人能夠感知的事物？對此，柏克萊的回答是，無人能夠感知的事物，是為了讓神感知而存在。

怎麼判斷現實

我所感知的事物，就是世界。

column

倫理與道德不一樣嗎？

日文語境裡，經常將倫理和道德相提並論，但是卻鮮少有人談論兩者意義的差異。日本的哲學專門用詞，主要是在明治維新時期從西洋外語翻譯引介，絕大多數都是參考中文創造的和製漢語。而倫理便是從英語ethics翻譯而成，道德則是由moral譯成的詞彙。

我們先從倫理這個詞開始談起吧。英語ethics源自希臘語的「Ηθική」，意指「研究特性」（ethos）。日本是四面環海的島國，或許難以理解到陸地相連的各個國家，只要翻到山頭另一側就會來到其他民族居住地的緊密性。了解語言、習慣、文化迥異的其他民族的特性，其實是攸關彼此是否能持續共存的生死問題。而且，了解不同文化的價值觀，也可以作為了解自己特性的借鏡。人們可以藉此探索更感性、更理想的人類形象，於是倫理學才得以成立。

古希臘是眾多學問的起源，其傳統後來由羅馬帝國繼承。希臘語的「Ηθική」譯成拉丁語是「philosophia moralis」。Moralis一詞源自拉丁語的「mos」，意指風俗習慣；philosophia則意指學問智慧。也就是說，源自希臘語的單字轉譯成現在英語的ethics，源自拉丁語的單字則轉譯成英語的moral，兩者追溯詞源後會發現最原始的意義並無不同。所以從古至今的哲學家，才會各自堅持其既有的意義，或是隨意運用這兩個詞彙。

你說反了！
Ethik（倫理）才包含Moral（道德）和Recht（法規）。
Moral（道德）的概念比較廣泛，包含Recht（法規）和Ethik（倫理）。
黑格爾
康德
就連大哲學家也會意見分歧，代表無論怎麼解釋都沒有錯。

7章

思考神與藝術

哲學深入探究的範疇，也包括了神的存在、藝術，以及思考的方法論等肉眼看不見的事物或抽象概念，可以想見哲學這門學問有多麼廣泛。

神真的存在嗎？

不管再怎麼強調「這世上有神」，
神存在的證據又在哪裡呢……。

神是什麼？這是個非常難以定義的大哉問。依循一般常理解釋的話，神處於超越這個世間的地方，是肉眼看不見的存在，也是超越我們人類的至高無上的存在。而會無條件相信神存在的行為與文化體系，就是所謂的宗教。不過相不相信神的存在純粹是主觀的問題，只能說是一種個人的信仰自由。那麼，我們有辦法從客觀的角度證明神確實存在嗎？

「證明事物不存在」的證明，又被稱作「惡魔的證明」。我們從這個命名不難想像，相較於只要能夠確認一項事實就能完成證明的「存在證明」，要試圖證明事物的「不存在」卻是極為困難。因此，歷史上許多哲學家都對神採取「不可知論」的立場。

比方說，日本自古以來就有「八百萬神」的說法，認為萬物背後都存有可以感受到神存在的感性。換句話說，在一神論信仰體系以外的世界觀裡，神的存在證明或許根本就不是個問題。

安瑟莫的「神」

神是完美的存在，所以祂是實在

首先，所謂的神是「完美的存在」，所以祂也是實在。這個存在證明只是為了避免讓神的概念產生矛盾，才強行推展成論證。

祂不僅存在於思想，而是存在於實在界才偉大，所以
神存在！
所謂的神，就是無法設想比祂更偉大的存在者。

安瑟莫（1033～1109）
中世紀英格蘭修道院院長、坎特伯里總教區大主教。第一位從學術角度談論神的人，被奉為旨在統一信仰與理性的「經院哲學」始祖。

竭力證明神存在的經院哲學

在宗教領域，神的存在是自明之理。但是在西方的基督教世界，進入中世紀以後，卻興起試圖透過理性論證神存在的「經院哲學」，其先驅就是安瑟莫（Anselm of Canterbury）。

安瑟莫嘗試論證神的存在論（本體論論證），但是也有人批判這只是一種「因為神不存在會很麻煩，所以神存在」的詭辯。

存在論論證（本體論論證）	神是定義上完美的存在，如果祂不是實在，便有損祂的完美，所以神存在。
目的論論證	世界之所以有了秩序，是因為神創造了世界。
宇宙論論證	萬物皆有起源，這個起源就是神。
道德論論證	需要有神的存在，讓人類接受「遵從道德才能幸福」的道理。

康德的神存在證明

根據康德的範疇理論，神的存在證明還包含目的論論證和宇宙論論證，但兩者都稱不上是證明。即便是康德本身舉出的道德論論證，嚴格來說也只是「希望神存在」的願望而已。

談論神的存在時

要論證神的存在非常困難，畢竟這只是一種道德上的訴求。

費爾巴哈的「神」

是人類創造了神

耶穌
投影
理性、愛、意志等人類擁有的本質（類本質）。
神子耶穌也是人類的理想型。
並非神創造人類，而是人類創造了神。

路德維希・安德列斯・費爾巴哈
（1804～1872）
德國哲學家。以「神是人的本質異化」一說抨擊老師黑格爾的思想，主張「不是神創造人類，而是人類創造了神」，對馬克思影響深遠。

神就是人類本身？

過去思想家針對神所談論的一切，難道不都是人類可知的人類之事嗎？而率先提出這個疑問的哲學家，就是費爾巴哈（Ludwig Andreas von Feuerbach）。

這句話的意思是，神的本質是人投射自己的「類本質」※，進而捏造成的產物。神就是從各個人類現實上和身體上的限制分割出來、塑造而成的崇拜對象，也可以說是理想的人類形象。

創造人類的好像不是神唷。
神
亞當
夏娃

人類期望的模樣即神

根據費爾巴哈的說法，是人類將自己期許的模樣、渴求的理想姿態實體化後，才賦予神之名。

費爾巴哈認為並不是神創造天地、創造人類，而是人類創造了神。這種說法徹底顛覆了當時的主流思想。

談論神的存在時

透過神，可以看見人類的本質。

※　人類全體共通的特徵。

尼采的「神」

上帝已死

神是古代猶太人帶著無名怨憤塑造出的救世主，是希望獲得救贖的弱者思想。
羅馬士兵
古代猶太人
為了要拯救弱者（自己）而被捏造出來的救世主。

神是弱者維護尊嚴的產物

以「上帝已死」一說聞名的尼采，進一步徹底探究費爾巴哈「神是人類願望的產物」的真知灼見。尼采宣稱的死亡，不僅限於費爾巴哈指出的基督教上帝，所有在現實背後設想、試圖透過超越的世界理解現狀的思想，尼采都宣稱它們「已死」。

尼采認為所謂的超越的世界，是對強者懷抱無名怨憤的弱者為了維護尊嚴才捏造的世界。他直接道破，弱者為了掩飾捏造的行為，所孕育出來的就是神、就是柏拉圖（25頁）的「理型」；而在現實中，古代基督教就是為了奴隸（＝弱者）而成立的宗教。

我們該相信什麼才好……
一切價值都毫無根據……
上帝已死！

弗里德里希・尼采（1844～1900）
德國哲學家。參照58頁。

以「無」為核心的虛無主義

不只「上帝已死」，所有以神為依據而通用的傳統價值觀都將失去效用，這種宣稱一切價值觀皆無根據的思想，就是虛無主義。

尼采還認為，有必要對弱者強調，他們追求超越性存在而採取的行動規範和價值判斷的根據，打從一開始就不存在。

當你想要尋求依靠時

這世上根本沒有什麼超越性的存在。

藝術的本質

加上足以成為藝術的高度技術……
可能成為的姿態
現在的姿態
高於事實，就是藝術。

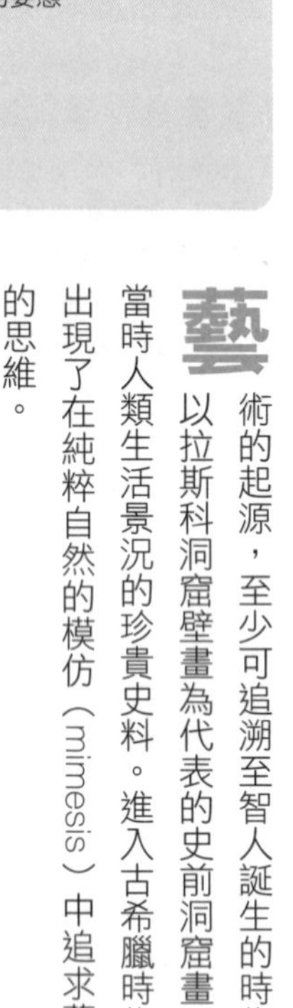

藝術的起源，至少可追溯至智人誕生的時代。比方說，以拉斯科洞窟壁畫為代表的史前洞窟畫，就是傳達了當時人類生活景況的珍貴史料。進入古希臘時代之後，則是出現了在純粹自然的模仿（mimesis）中追求藝術創作意義的思維。

亞里斯多德（61頁）賦予這種思維獨特的意義，並且推展出獨創的藝術理論。前述的希臘語mimesis，一般都會譯作「模仿」；但是，亞里斯多德卻在講述美學與藝術理論的代表作《詩學》中，主張藝術的mimesis並非單純的「自然重現現狀」，而是為了描繪「可能成為的自然姿態」的高度技巧。

亞里斯多德也從同樣的觀點出發，大為讚賞希臘悲劇的價值，因為比起重現現在、過去事件的歷史，悲劇更能訴說可能或應當呈現的故事。順帶一提，在義大利小說家安伯托・艾可（Umberto Eco）的名著《玫瑰的名字》及改編的同名電影裡，就是以亞里斯多德在《詩學》裡所闡述的藝術理論作為主題。

康德的「藝術」

藝術的美就是調和

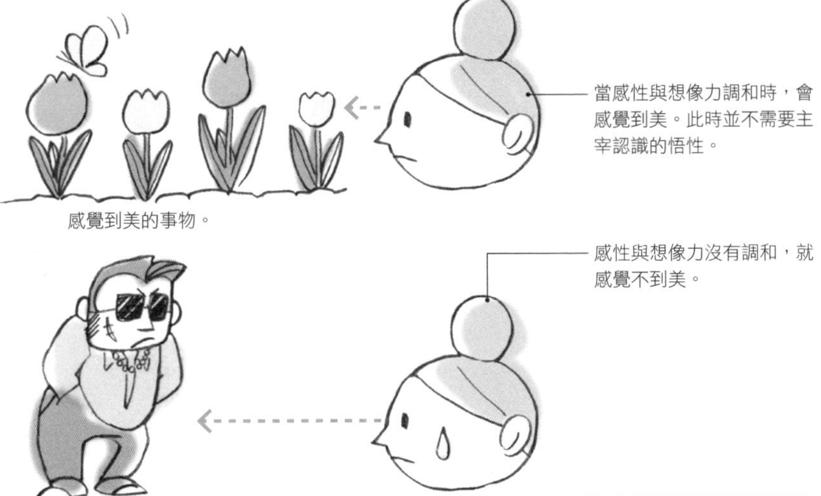
當感性與想像力調和時，會感覺到美。此時並不需要主宰認識的悟性。
感覺到美的事物。
感性與想像力沒有調和，就感覺不到美。
就只是個事物。

伊曼努爾・康德（1724～1804）
普魯士（德國）哲學家。參照79頁。

美是一種調和

當我們看見藝術作品時，會因它的美麗而深受感動。康德曾探索過藝術裡的美學意義，並在著作《判斷力批判》裡推展自己的見解。

康德認為，美可能是「一種調和生成的情感」。調和是指在多種事物之間產生的關聯。康德認為透過我們的心靈作用，感性和想像力之間產生「調和」時，我們就會感覺到美。

關於鬱金香的資訊
（悟性所得的資訊）
感性和想像力（主觀感覺）
這朵花好漂亮。
不需要悟性得到的資訊，即可認識美。

藝術與悟性無關

雖然康德認為我們在認識外界時，感性和悟性會協力合作（124頁），但他也主張當我們感受美的時候，並不會與悟性產生任何關聯。也就是說，我們不需要知道對象是什麼，也能領略到它的美。

實際上，我們會覺得路邊一朵不知名的花很美麗，此時我們感受到的美，皆與花的種類、名稱等知識和資訊毫無關聯。

給想要解釋藝術的人

感受藝術之美，並不需要什麼知識。

叔本華的「藝術」

藝術能平靜身與心

世界
意志
意志
意志
意志
意志
這個世界存有意志，因而會為了生存而互相衝突。
藝術是痛苦世界裡的救贖。

阿圖爾・叔本華（1788～1860）
德國哲學家。參照69頁。

世界擠滿了意志

叔本華主張意志的根本在於不合理的盲目衝動（69頁），而負責承載這股衝動的就是身體。換言之，人類之間造成的無數推擠、衝突，就是世界的真面目。

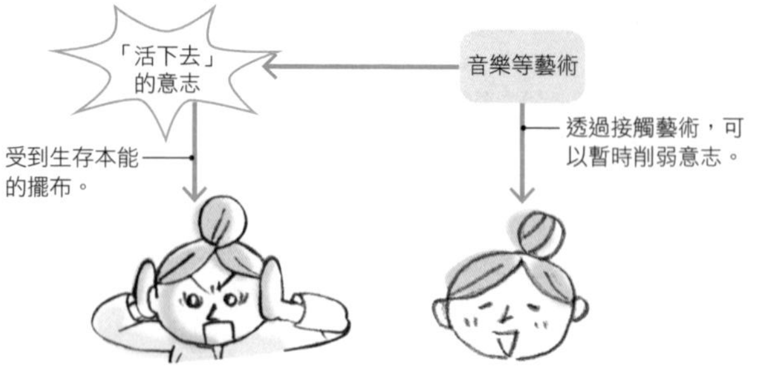
「活下去」的意志
音樂等藝術
受到生存本能的擺布。
透過接觸藝術，可以暫時削弱意志。

藝術拯救我們擺脫意志的衝動

叔本華認為，可能拯救我們脫離受意志衝動擺布的從屬狀態的，就是以音樂為代表的藝術。對叔本華來說，藝術最大的效用，就是對精神和身體的鎮定效果。不過我們應該要考量到，叔本華在當時能夠得知的藝術，是20世紀以前古典架構的作品，如果他聽到現代音樂不知道會作何感想。

如果有人問你藝術的效用

接觸藝術可以讓身心都獲得安寧。

迪奇的「藝術」

藝術是得到藝術界認可的人工物

藝術是只在特定的藝術界通用的限定品。
這也是藝術。

喬治・迪奇（1926～）
芝加哥伊利諾大學名譽教授。傳統藝術的定義是根據受到歷史制約成立的「藝術界」而定，他嘗試透過將這個定義作為制度的「體制理論」，重新審視作品。

嘗試為藝術定義

過去的思想家曾在各個不同的領域，嘗試為藝術做出各式各樣的定義，像是自然的模仿與重現、人類內在的意識形態表現等等，但其中大半都隨著新的藝術形式誕生而消弭。

20世紀以後，人們已經放棄為藝術尋找特定的思想和定義，轉向探索藝術作品創造時所處的環境。

藝術界與體制理論

其中一個嘗試研究藝術環境的論點，就是迪奇（George Dickie）提出的「體制理論」。而這個理論則是由美國的美術評論家亞瑟・丹托（Arthur Coleman Danto，1924～2013）所提出，是以「藝術界」※的存在為前提。迪奇聲稱藝術界在現代發揮社會制度的功能。

現代藝術作品的條件，第一是「人工物」，第二是獲得藝術界的認可。藝術不可能得到特權式的權威，換言之，現實中就是各個類型的藝術分散存在，各自制度化後才得到大眾的認知。

這是以〇〇為主題畫的作品。
配色是特意意識到××嗎？

由藝術相關人士組成的文化集團，就稱之為藝術界。

如果想追尋藝術的定義

藝術就是受到藝術界認可的人工物。

※　由藝術家、評論家、鑑賞家、畫廊等藝術相關人士組成的文化集團。

作為一個會思考的人類

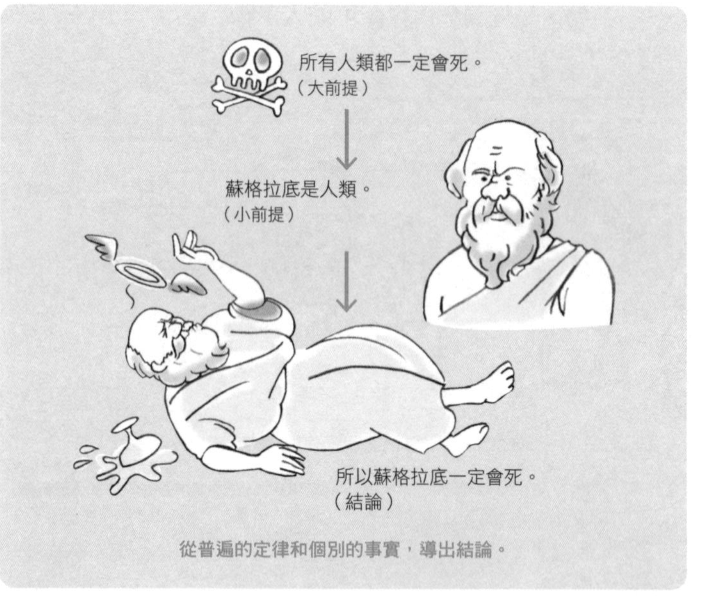
所有人類都一定會死。
（大前提）
蘇格拉底是人類。
（小前提）
所以蘇格拉底一定會死。
（結論）
從普遍的定律和個別的事實，導出結論。

討論思考行為，可以區分成「思考什麼」和「如何思考」這兩個層面來探討。「思考什麼」是個人的問題，只能說隨人喜好；至於後者「如何思考」，則是處理思考方式的方法論問題。

奠定邏輯學基礎的哲學家亞里斯多德，在其著作《工具論》裡提出一套合理的推論方法，也就是知名的「三段論證法」（又稱演繹法）。簡單來說，這是從大前提（普遍定律）和小前提（個別事實）導出結論，需要經過三個層次的推論方法。

比方說，已知大前提是「A等於B」，小前提為「B等於C」，所以可以推導出「A等於C」。

只要運用亞里斯多德的三段論證法，即便是沒有直接關聯的A與C，也可以藉由與兩者都有關聯的B，繼而得到邏輯上的關聯論證。邏輯學發展至現代，則是運用全新的符號邏輯學（7頁），加入符號概念輔助思考，藉此彌補前述古典邏輯學的不足。

培根的「思考」

排除偶像，以歸納法建構理論

錯覺
權威
學說
感覺
資料
偏見
負面傳聞
人類在思考時，作為
思考材料的感覺資料會受到
偏見等偶像荼毒。
偏見是
人類的附屬。
演繹法的思考
只會推導出
虛假的結論。

法蘭西斯・培根（1561～1626）
英國哲學家。在著作《新工具論》中以偶像來指稱人類的偏見與成見等謬誤，主張重視現實觀察和實驗的「歸納法」。

材料與偶像

思考需要材料，材料則是從外界透過感覺給予大腦（感覺資料）。

但是，如果我們有偏見等錯誤的成見，就無法正確接收材料，導致無法正確地思考。培根（Francis Bacon）將這種臆測和偏見稱作「偶像」（idola），並分為四類。一是人類、猿猴這種族類既有的種族偶像，二是隨著成長環境和教育而產生的洞穴偶像，三是詞語的誤用導致的市場偶像，最後則是因為不加批判並盲信權威或傳統，而塑造出來的劇場偶像。

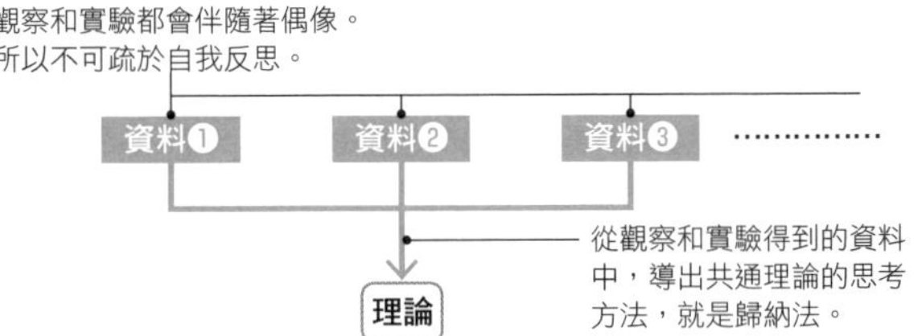
觀察和實驗都會伴隨著偶像。
所以不可疏於自我反思。
資料❶
資料❷
資料❸
從觀察和實驗得到的資料
中，導出共通理論的思考
方法，就是歸納法。
理論

必須自我反思，過濾偶像的荼毒

不過，培根並不是要呼籲大家排除偶像。重點是在思考時，不可疏於反思自己是否受到某種偶像的荼毒。

對人類而言，偶像是不可避免的偏見。因此培根才會主張運用歸納法，透過觀察和實驗得到的資料來建構科學理論。

給老是
心存偏見的人

消除自己心中的偶像，從觀察和實驗來獲得知識。

皮爾士的「思考」

運用溯因法，達到思想的轉換和跳躍

推論法	方法	特徵
演繹法 亞里斯多德	假定 A＝B，加上規則 B＝C，可以導出 A＝C 的結論。 只要假定為真，結論亦為真。	從一般的原理推導出結論，具有階段性分析的特性。
歸納法 培根	觀察假定 A＝B 與結論 A＝C 的幾個實例後，結果推論出 B＝C 的規則。 但無法保證規則 B＝C 為真。	具有從觀察和實驗所得的各種推論性事實找出共通性質（原理）的擴張傾向。但是難以界定應該收集資料到什麼程度才能確定原理。
溯因法 皮爾士	結論 A＝C 套用規則 B＝C，可推論出 A＝B 的假定。 但無法保證 A＝B 的假定為真。	設想結論並導出假設，但需要想像力才能決定要假設什麼。

第三種推論形式

19世紀的代表邏輯學家皮爾士（Charles Sanders Santiago Peirce），在傳統的「演繹法」和「歸納法」的推論形式當中，加入第三種「溯因法」。

溯因法是先設想一個假設性的結論，接著再重新審視歸納的過程，目的是為了達成無法只靠歸納達成的思想轉換和跳躍。

引用皮爾士的說法，如果傳統的兩種推論形式是「論證式邏輯學」，那麼溯因法可以說是「探索式的邏輯學」。

溯因法最重要的是想像力。

查爾斯・桑德斯・皮爾士（1839～1914）
美國哲學家、邏輯學家，實用主義的創始人。死後成名，預定出版的作品集全30冊當中，目前出到第7冊。

給正在研發劃時代產品的人

試著用溯因法轉換思維吧。

黑格爾的「思考」

透過辯證法促成更貼切的認識

辯證法
可促成發展性
的認識。

格奧爾格・威廉・弗里德里希・黑格爾
（1770～1831）
德國哲學家。參照113頁。

辯證法可以消除矛盾

黑格爾主張「同一與非同一的同一」具有相當嚴重的矛盾。

顯然，非同一之所以非同一，就是因為它不是同一。在這個前提下，非同一的事物應該完全不具備與他者相同的性質；但這樣就意味著該事物的周圍只有它自己存在，所以它和自己是同一的。這麼一來就矛盾了。

另一方面，同一若為同一，就代表它「不是」非同一，這包含了否定的概念。

於是，黑格爾認為兩者都會各自轉化成自身的反面意義，一切事物的內在都包含了矛盾，所以必然會與自己產生對立。

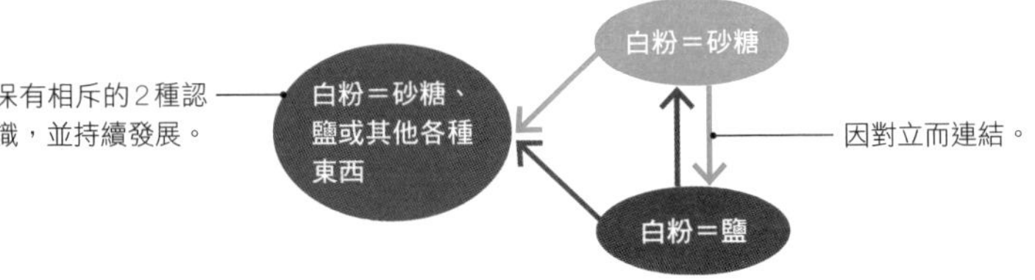
保有相斥的2種認識，並持續發展。
白粉＝砂糖、鹽或其他各種東西
白粉＝砂糖
白粉＝鹽
因對立而連結。

伴隨矛盾發展的辯證法

黑格爾將這種矛盾公式化成辯證法。比方說，小孩子在飲料裡面加砂糖後才會喝，於是認識到白粉末＝砂糖。但是他偶然在飲料裡加入隨手拿到的白粉末，結果喝起來好鹹，於是他又認識到白粉末＝鹽，否定了他以往的理解。結果，小孩開始理解白粉末不是只有一種，而可能是砂糖、鹽，或者其他各種東西，逐漸學會分門別類。

在這個過程中，雖然會先否定自己一開始的認知，但是最終得以發現自己在途中得到的兩種認識都是有別於以往的觀點，藉此保證正確的認識。這種螺旋式發展的認識過程，就是所謂的辯證法。

與人發生意見衝突時

主動接受相反的意見，找出更好的結論吧。

我們如何思考哲學？

好可怕！
打雷是怎麼回事？
轟隆隆隆
劈擦!!

探索自然現象的面貌，
就是所有學問的研究形式起源。

哲學（Philosophia）雖然如今在全世界都是作為一門獨立的學問來教授研究，但是哲學原本所涵蓋的範圍更廣泛，在歷史上更一度是指稱所有學問的通用詞（142頁）。包含文學、法學、政治學等人文科學和社會科學，以及自然科學在內，對世界各個領域的所有探索，在古時候都屬於「哲學」的範疇。

無論古往今來，大自然的力量始終是個令人敬畏的威脅。因此，古代各大文明才會蘊釀出自然力量背後有眾神操控的「神話」性思維。

但是，自然現象本身是肉眼可見的變化，根本沒有道理向看不見的神尋求可見的力量根源。因此，在可見的自然層次探索自然力量源頭的「哲學」，才會在西元前六世紀的希臘誕生。

希臘哲學觀察自然的面貌，儘管以現代的眼光來看，或許其方法過於粗糙單調，但它依然是今日所有學問的研究方法的起源。

蘇格拉底的「哲學」

愛智慧

哲學就是
愛智慧、
追求智慧。

蘇格拉底（約前470～前399）
希臘哲學家。參照39頁。

哲學家即愛智者

蘇格拉底經常與當時以辯士身分聞名的智辯家提問對答，蘇格拉底也多次自稱為 Φιλόσοφος（哲學家）。從詞源來看，哲學（philosophia）是去愛（philein）智慧（sophia）的意思，所以哲學家就是原文字面的意思，即「愛智者」。

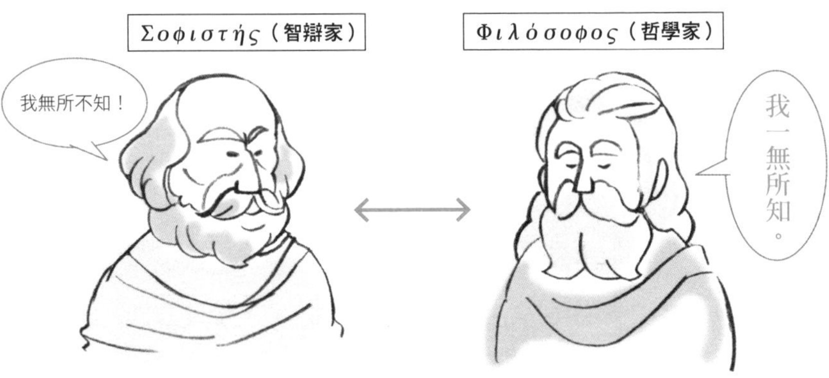
Σοφιστής（智辯家）
我無所不知！
Φιλόσοφος（哲學家）
我一無所知。

「明白自己一無所知」

蘇格拉底對智辯家闡述一個道理。當人喜愛上某件事物時，實際上是那個人尚未得到自己追求的對象，所以才無法停止這股欲求。

這麼說來，這也就代表喜愛智慧的他尚未得到自己想要追求的智慧，所以喜愛智慧的他就是所謂的「Φιλόσοφος」，即「無知者」（無知之知）。不過也有人認為，這是蘇格拉底為了在辯論中立於不敗之地，而採用「反諷」（irony）的策略。

給希望自己萬夫莫敵的人

秉持無知之知的態度。

培根的「哲學」

哲學應當是可改善生活的學問

A是B、
B是C的話，
A就是C啊！
古希臘時代的亞里斯多德，提出三段論證作為合理的推論法。
亞里斯多德
A、B、C
都沒有做過
實驗和觀察吧！
培根主張從實驗和觀察得出結果後，再推導出原理的歸納法。

法蘭西斯・培根（1561～1626）
英國哲學家。參照153頁。

三段論證只是空談

活躍於文藝復興時期的培根，他的代表作是《新工具論》（*Novum Organum*）。

亞里斯多德（61頁）的哲學自中世紀以來，始終是深受重視的研究工具（organ）。但是培根卻認為，亞里斯多德提出的「三段論證法」（又稱演繹法，152頁），只是一種沒有經過實驗或觀察為前提而建構的空談，不過是詭辯而已。

重要的是現實與事實！

知識就是力量

在新發明和新發現相繼問世的文藝復興時期，培根認為最需要的學問是可以實際改善生活的學問，好作為「新的工具」。因此他切身體會，以實驗和觀察為基礎的自然研究與解釋，才是最首要的主題。他為了宣揚這個主張而提出著名口號「知識就是力量」，至今仍廣為所知。

給總是紙上談兵的人

「知識就是力量」。沒有經過事實的驗證，就無法得到任何知識。

梅洛－龐蒂的「哲學」

必須排除超越性的存在，重新思考

神是弱者的願望！
是一場謊言！
上帝已死！
哲學也死了！

莫里斯・梅洛－龐蒂（1908～1961）
法國哲學家。參照34頁。

哲學已死

梅洛－龐蒂在晚年開始提倡「反哲學」。

早在19世紀下半葉，尼采就已經將批判的矛頭指向古希臘柏拉圖時代，批判在現實世界背後預設一個超越性的神或理型的形上學，不過是弱者捏造出來的虛構存在，全是沒有價值的虛無主義產物。由此可見，尼采斷言「上帝已死」，也是針對作為形上學的哲學發出死亡宣判。

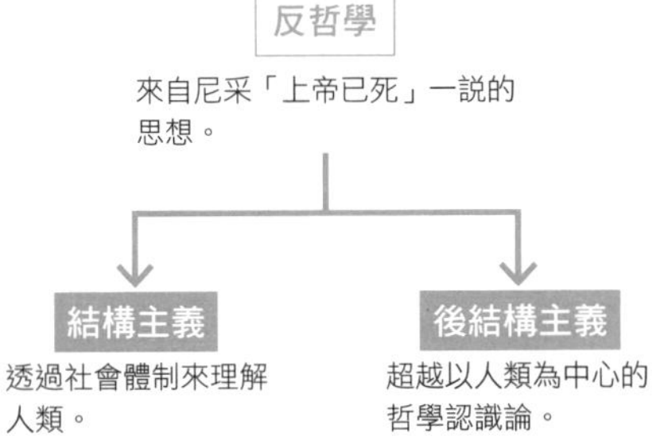
反哲學
來自尼采「上帝已死」一説的思想。
結構主義
透過社會體制來理解人類。
後結構主義
超越以人類為中心的哲學認識論。

反哲學的現代思想

梅洛－龐蒂反哲學的意圖，在於提出「哲學已經終結」，正面接受尼采的宣判。但可惜的是，梅洛－龐蒂的這個挑戰，最後因其猝逝而未能完成。

不過，在他去世後，於法國興起的結構主義和後結構主義這些現代思想潮流，就廣義而言，也可以看作是「反哲學」的多元化實踐吧。

如果有人問你現代思想是什麼

就回答他是從尼采「上帝已死」開啟的「反哲學」潮流吧。

索引

16～20畫

21～25畫

11～15畫

後記

這次的寫作過程非常艱辛，姑且先不論一些突發小狀況，單是計畫本身便反覆不定，從寫作體制到編輯體制都一一崩塌，甚至還一度到了（我個人覺得）可能無法出版的地步。

話說回來，進入二十一世紀後，哲學的定位也正面臨急速的轉變。自後結構主義問世以後，已經找不到擁有全球影響力的特定學派或思想領袖（由此也可以說，「後結構主義」這個名稱本身就是思想的先驅）。如今已然流於只根據每一次發生的實務問題，進行個案式的局部思考（這也是本書「前言」提到不採用編年體寫作的原因之一）。

如果這是時勢所趨，也著實莫可奈何。正因如此，哲學作為古老又新潮的學問，才能無關乎時興與否，持續存在吧（或者說，但願能持續存在）。

最後，我給MIKA books的責任編輯宇佐美由樹小姐，和負責插畫的伊藤美穗小姐添了許多麻煩。畢竟每一次大幅改寫本文，就需要重新構思插圖，這些工作想必非常辛苦，在此致上我誠摯的感謝。

小須田　健

Augustine，服部英次郎譯，『告白』，岩波書店，1976年
Adam Smith，大河内一男譯，『国富論』，中央公論新社，1978年
Alain，神谷幹夫譯，『幸福論』，岩波書店，1998年
André Comte-Sponville，木田元、小須田健、Corinne Quentin 譯，『幸福は絶望のうえに』，紀伊國屋書店，2004年
Aristotle，高田三郎譯，『ニコマコス倫理学』，岩波書店，1973年
Aristotle，松本仁助、岡道男譯，『詩学』，岩波書店，1997年
Artur Schopenhauer，西尾幹二譯，『意志と表象としての世界』，中央公論新社，2004年
Bertrand Russell，安藤貞雄譯，『幸福論』，岩波書店，1991年
Carl Hilty，草間平作譯，『幸福論』，岩波書店，1965年
Carl Schmitt，田中浩、原田武雄譯，『政治的なものの概念』，未來社，1970年
Carl von Clausewitz，清水多吉譯，『戦争論』，中央公論新社，2001年
Claude Lévi-Strauss，大橋保夫譯，『野生の思考』，みすず書房，1976年
Edmund Husserl，立松弘孝譯，『内的時間意識の現象学』，みすず書房，1967年
Edward Said，今沢紀子譯，『オリエンタリズム』，平凡社，1986年
Erich Seligmann Fromm，日高六郎譯，『自由からの逃走』，東京創元社，1951年
Ernst Cassirer，生松敬三、木田元、村岡晋一譯，『シンボル形式の哲学』，岩波書店，2010年
Francis Bacon，桂寿一譯，『ノヴム・オルガヌム』，岩波書店，1978年
Friedrich Nietzsche，原佑譯，『権力への意志』，筑摩書房，1993年
Georg Simmel，元浜清海、居安正、向井守譯，『貨幣の哲学』，白水社，1978年
Georg Wilhelm Friedrich Hegel，熊野純彦譯，『精神現象学』，筑摩書房，2018年
Georg Wilhelm Friedrich Hegel，長谷川宏譯，『歴史哲学講義』，岩波書店，1994年
George Berkeley，下條信輔、植村恒一郎、一之瀬正樹譯，『視覚新論』，勁草書房，1990年
Georges Canguilhem，滝沢武久譯，『正常と病理』，法政大学出版局，1987年
Gottfried Wilhelm Leibniz，谷川多佳子、岡部英男譯，『モナドロジー』，岩波書店，2019年
Hannah Arendt，志水速雄譯，『人間の条件』，筑摩書房，1994年
Henri Bergson，中村文郎譯，『時間と自由』，岩波書店，2001年
Immanuel Kant，熊野純彦譯，『判断力批判』，作品社，2015年
Immanuel Kant，中山元譯，『永遠平和のために／啓蒙とは何か』，光文社，2006年
Immanuel Kant，中山元譯，『実践理性批判』，光文社，2013年
Jacques Derrida，高橋哲哉、鵜飼哲譯，『他の岬――ヨーロッパと民主主義』，みすず書房，1993年
Jakob von Uexküll，日高敏隆、羽田節子譯，『生物から見た世界』，岩波書店，2005年
Jean-Jacques Rousseau，今野一雄譯，『エミール』，岩波書店，1962年
Jean-Paul Sartre，伊吹武彦譯，『実存主義とは何か』，人文書院，1996年
Johann Wolfgang von Goethe，木村直司譯，『色彩論』，筑摩書房，2001年
John Dewey，宮原誠一譯，『学校と社会』，岩波書店，1957年
John Locke，加藤節譯，『統治二論』，岩波書店，2007年
John Rawls，川本隆史、福間聡、神島裕子譯，『正義論』，紀伊國屋書店，2010年
Judith Butler，竹村和子譯，『ジェンダー・トラブル―フェミニズムとアイデンティティの攪乱』，青土社，1999年
Karl Marx，向坂逸郎譯，『資本論』，岩波書店，1969年
Karl Popper，藤本隆志、石垣壽郎、森博譯，『推測と反駁』，法政大　出版局，2009年
Lars Svendsen，小須田健譯，『働くことの哲学』，紀伊國屋書店，2016年
Ludwig Andreas Feuerbach，船山信一譯，『キリスト教の本質』，岩波書店，1948年
Ludwig Wittgenstein，丘沢静也譯，『哲学探究』，岩波書店，2013年
Ludwig Wittgenstein，黒田亘、菅豊彦譯，『確実性の問題』，大修館書店，1975年
Ludwig Wittgenstein，野矢茂樹譯 ，『論理哲学論考』，岩波書店，2003年
Martin Heidegger，細谷貞雄譯，『存在と時間』，筑摩書房，1994年
Maurice Merleau-Ponty，竹内芳郎、小木貞孝譯，『知覚の現象学 1』，みすず書房，1967年
Maurice Merleau-Ponty，竹内芳郎、宮本忠夫、木田元譯，『知覚の現象学 2』，みすず書房，1974年
Michael Sandel，鬼澤忍譯，『これからの「正義」の話をしよう』，早川書房，2011年
Michel de Montaigne，原二郎譯，『エセー』，岩波書店，1965年
Michel Foucault，田村俶譯，『監獄の誕生―監視と処罰―』，新潮社，1996年
Michel Foucault，田村俶譯，『狂気の歴史』，新潮社，1975年
Mihaly Csikszentmihalyi，今村浩明譯，『フロー体験 喜びの現象学』，世界思想社，1996年
Norwood Russell Hanson，村上陽一郎譯，『科学的発見のパターン』，講談社，1986年
Plato，久保勉譯，『饗宴』，岩波書店，1952年
Plato，森進一、池田美惠、加来彰俊譯，『法律』，岩波書店，1993年
René Descartes，谷川多佳子譯，『方法序説』，岩波書店，1997年
Sigmund Freud，高橋義孝、下坂幸三譯，『精神分析入門』，新潮社，2001年
Simone de Beauvoir，『第二の性』原文重讀會譯，『第二の性』，新潮社，2001年
Søren Kierkegaard，斎藤信治譯，『死に至る病』，岩波書店，1957年
Theodor Adorno，徳永恂譯，『啓蒙の弁証法』，岩波書店，2007年
Thomas Nagel，永井均譯，『コウモリであるとはどのようなことか』，勁草書房，1989年
Walter Benjamin，山口裕之譯，『ベンヤミン・アンソロジー』，河出書房新社，2011年
小川仁志，『図解　使える哲学』，KADOKAWA／中経出版，2014年
田中正人、斎藤哲也編，『続・哲学用語図鑑 ―中国・日本・英米（分析哲学）編』，プレジデント社，2017年
田中正人、斎藤哲也編，『哲学用語図鑑』，プレジデント社，2015年

哲學解剖圖鑑

作者簡介

小須田健

1964年出生於日本神奈川縣。中央大學研究所博士課程學分修畢後，於中央大學、清泉女子大學、東京情報大學、實踐女子大學等校兼任講師。譯作有安德烈·孔特－斯龐維爾的《Présentation de la philosophie》（合譯）、韋爾·白金漢的《哲學百科》（The Philosophy Book）、羅森茨威格的《救贖之星》（Der Stern der Erlösung，合譯）等書。

出　　版／楓書坊文化出版社
地　　址／新北市板橋區信義路163巷3號10樓
郵政劃撥／19907596　楓書坊文化出版社
網　　址／www.maplebook.com.tw
電　　話／02-2957-6096
傳　　真／02-2957-6435
作　　者／小須田健
翻　　譯／陳聖怡
責任編輯／江婉瑄
內文排版／洪浩剛
校　　對／邱鈺萱
港澳經銷／泛華發行代理有限公司
定　　價／350元
初版日期／2021年5月

國家圖書館出版品預行編目資料

哲學解剖圖鑑 / 小須田健作；陳聖怡譯
. -- 初版. -- 新北市：楓書坊文化出版社, 2021.05　面；公分

ISBN 978-986-377-672-7 (平裝)

1. 哲學史

109　　110003821